Universale Economica Fel

OLIVIERO TOSCANI
NON SONO OBIETTIVO

Feltrinelli

© Giangiacomo Feltrinelli Editore Milano
Prima edizione nell'"Universale Economica" aprile 2001
ISBN 88-07-81652-0

I "dodici fotogrammi di Oliviero Toscani" riprodotti all'interno del volume sono di Rocco Toscani.

NON SONO OBIETTIVO

Ai miei figli
e a tutti i loro figli

"Quanto ai rimedi, non ne possiede
e neppure ne propone. Poiché sa
che non si può curare il destino, non
si spaccia per guaritore con nessuno. La sua unica ambizione: essere
all'altezza dell'Incurabile..."

CIORAN, *La tentazione di esistere*

Nota dell'Autore

Nel 1996 mi chiamò Sandra Bonsanti, direttore del quotidiano livornese "Il Tirreno", per propormi una collaborazione, dandomi la possibilità di intervenire con la massima libertà in una rubrica che ho chiamato "Natura morta". Mi sono subito accorto che la realtà locale permette di avere una prospettiva particolare sul mondo nel suo complesso, e ho cominciato a esprimere opinioni, giudizi, riflessioni. Ho raccontato di me e degli altri, ho denunciato episodi di ignoranza, intolleranza e arroganza, ho dato voce alle mie idiosincrasie, al mio senso di giustizia, al mio moralismo, mettendo a fuoco i più diversi paradossi della vita civile. Sono abituato a "vedere" la realtà, e anche in questo caso non ho fatto altro che vedere e indignarmi, vedere e commuovermi, vedere e scandalizzarmi..., magari per scandalizzare a mia volta. Perché no?

A lungo andare mi sono reso conto di dare forma a tante tessere di un mosaico che avrebbe potuto avere, una volta composto, la forza di un ritratto-autoritratto, molto primitivo, molto viscerale, e molto poco obiettivo (come del resto quello fotografico in copertina e i dodici fotogrammi all'interno del volume), dell'umanità di cui mi trovo a condividere le sorti.

L'ho proposto all'amico Carlo Feltrinelli, per trarne un libro. Questo. Un cahier de doléances, una mitragliata di pensieri a voce alta, un percorso a zigzag dentro i guasti (molti) e i buoni esempi (pochi) del presente.

Non sono obiettivo (chi volesse farsi un'idea della mia "obiettività" cominci a leggere dal fondo, vale a dire dall'Indice dei nomi...): questo titolo-ammissione valga soprattutto per rammentare che, malgrado il tono infiammato da Savonarola, malgrado la mia predilezione per l'aforisma alla Cioran, non pretendo di insegnare, né di dire come e cosa bisogna pensare. Non ho verità. Non ho soluzioni da dare.

Siamo già tutti immersi nel magma in cui siamo destinati a sprofondare, ma un conto è lasciarsi inghiottire e magari esserne soddisfatti, e un conto è esserne consapevoli, resistere, dibattersi e gridare.

Io non sono obiettivo, però vedo, e molto spesso quel che vedo non mi piace. Allora mi prendo la libertà di dirlo. Forse esagero, ma esagerare è una forma di creatività che appartiene all'arte. E l'arte è l'espressione delle emozioni, esagerare fa bene, è un esercizio delle passioni, dalle quali veniamo sempre più allontanati dalla realtà analgesica in cui viviamo.

Oliviero Toscani

IMMEDESIMAZIONI

Ho vergogna di appartenere alla razza umana. Quella razza umana basata sull'economia di mercato, quella per cui l'Europa è una moneta invece di un progetto di civiltà. Visto che la razza è diventata (anzi, è sempre stata) motivo di divisione, di intolleranza, di sopruso; visto che a causa della razza non abbiamo più rispetto nemmeno per i bambini e li buttiamo in mare, li speroniamo e li uccidiamo.

Io rifiuto questa appartenenza. Da oggi in poi appartengo alle scimmie, ai serpenti, ai cani, alle iene: a quella razza animale che spesso viene usata come esempio per dimostrare la superiorità dell'uomo. Da oggi in poi restituisco la mia identità di uomo per assumere quella di bestia.

Da oggi mi farò guidare dall'istinto: anche le bestie uccidono e sbranano; ma la loro lotta per la vita è limpida e combattuta secondo le leggi naturali.

Ho orrore dell'intelligenza umana che alimenta l'odio giustificandolo con la superiorità della ragione e porta ai piccoli e grandi olocausti (ma gli olocausti non sono mai piccoli: ottanta albanesi affogati valgono quanto sei milioni di ebrei asfissiati).

Poiché da oggi io sono un animale, da oggi non ho più patria e la mia patria diventano i campi, i boschi e i mari della Terra dove potrò andare senza che nessuno mi chieda il passaporto e l'appartenenza politica o religiosa. Ho vergogna di parlare una lingua che altri imparano con fatica per arrivare a capire il disprezzo di cui sono oggetto. Da oggi la paura tornerà a essere, per me bestia, una paura vera: quella che mi strappino i cuccioli, quella di essere ucciso, quella di morire di sete e di fame. Lascio agli uomini le misere paure per un vicino di casa con la pelle di colore diverso, le ridicole incertezze al momento di dover dividere la prima colazione, lo spuntino, il pranzo, la merenda e la cena con qualcuno che non sia di famiglia. Lascio alla razza umana i tre televisori (uno in cucina, uno in salotto, uno in camera da letto), il forno a microonde, il telefonino e la doppia macchina che i popoli selvaggi in arrivo di là dal mare ci chiedono di condividere.

Da oggi io sarò un animale e annuserò curioso e disponibile gli altri animali che incontrerò. Come un topo di campagna mi farò raccontare la città da chi ci vive, e dappertutto troverò un posto per me e per i miei figli perché sarò soltanto un topo. Non avrò bisogno di farmi capire, di parlare inglese o francese o albanese o arabo o polacco. Il colore della pelliccia dei miei cuccioli glorificherà la varietà della natura, invece di umiliarla trasformandosi in colpa. Dappertutto troverò dighe da costruire, nidi da impastare, noci da raccogliere e da mettere da parte per l'inverno.

E starò finalmente a guardare, senza la responsabilità di farne parte, la misera razza umana sbranarsi e poi piangere lacrime che con quelle dei coccodrilli non c'entrano nulla, perché i coccodrilli hanno più dignità.

Sono un telefonino. Uno di quegli scarafaggi neri, piatti, che fanno "cri cri". O suonano *Per Elisa*, o la marcia trionfale dell'*Aida*. Si sentono le note metalliche campionate al computer e, subito dopo: "Pronto! Pronto! Mi senti?". Il pronto-mi-senti è diventato il simbolo dell'impotenza dell'individuo e della potenza della compagnia dei telefoni. L'individuo niente può contro il fruscio che frammenta la voce dell'interlocutore, intelligibile a scatti, a onde. Le società per la telefonia quotate in Borsa, al contrario, possono contare su profitti di tre minuti, dei quali due e mezzo se ne vanno nel pronto-mi-senti. Interi scompartimenti di prima classe di pendolini fermi in aperta campagna o nel buio di una galleria risuonano di mille gridati, invocati pronto-mi-senti. Pronto-mi-senti dice il marito alla moglie che lo aspetta a casa. Pronto-mi-senti dice la mamma al figlio, pronto mi senti dice il manager alla segretaria. È un concerto di cicalini e di trombette mentre il coro del pronto-mi-senti sale come il va' pensiero e, marchingegno architettato per rendere la schiavitù degli uomini definitiva, senza scampo. Erano già schiavi della televisione, dello stadio la domenica, dei vestiti firmati, della macchina, del week-end e delle vacanze, della dieta, del jogging, del ristorante cinese, della discoteca, della pelliccia, della messa alle undici, dell'abbronzatura, della settimana bianca, della seconda casa, dell'amante. Mancavo solo io. Un telefonino da taschino, che suona o vibra, che con uno scatto si apre al pronto-mi-senti che arriva da ogni luogo, dai paesi Cee ed extra Cee, perfino della Cina.

Sono una piattola che, se muore, rinasce con la carica della batteria. Sono un grillo parlante rimbecillito, che non sa cosa sia la saggezza e vomita chiacchiere inutili inframezzate dal pronto-mi-senti. Sono un'appendice dell'orecchio umano conservata in un astuccio in similpelle attaccato alla cintura di finto coccodrillo. Sono una persecuzione, una condanna, un colera, una peste, una sindrome da deficienza acquisita. Eppure vengo scambiato per un simbolo del progresso. Prima i telefonini non c'erano e i treni fermi nelle gallerie o in aperta campagna erano più silenziosi. Prima i telefonini non c'erano e le code in autostrada erano le stesse: solo la pasta era più scotta, perché le mogli non potevano essere avvertite del ritardo. Prima i telefonini non c'erano e le signore impellicciate in treno si appisolavano a bocca aperta invece di ammorbare gli altri viaggiatori con le loro chiacchiere. Prima i telefonini non c'erano e le segretarie potevano tranquillamente andare a prendere il caffè senza essere scocciate dai manager ansiosi perché nessuno li cerca. Ora che i telefonini ci sono l'umanità è solo un po' peggiore, il progresso ha solo subìto una battuta d'arresto, il cervello degli uomini è andato solo temporaneamente all'ammasso.

Sono un cono gelato. Anzi, ero un cono gelato. Il marketing dell'azienda che mi produce mi ha fatto diventare Magnum, Super, Extra.

Ora che la pubblicità mi ha dato la parola e mi ha elevato a simbolo sessuale, appartengo anch'io al mondo esclusivo della seduzione. Le bocche che mi mangiano, mi leccano, mi succhiano sono tutte "albapariettizzate": labbra gonfie, marmorizzate dal silicone, impastate di rossetto.

Labbra di superdotate che hanno bisogno di simboli fallici eccessivi. Un gelato normale chi lo vuole più? Le merci ormai hanno un'anima e si propongono ai consumatori attraverso una sorta di rapporto fisico, di possesso, di godimento. A guardare la pubblicità che mi promuove,

13

sembra che le donne provino l'orgasmo solo con i maxiconi. La procreazione affidata a un Pinguino panna e cioccolato. Sono uno dei pochi neri accettati, forse perché, mordendomi, viene fuori la mia carne bianchissima. Vado bene a tutti, sono perfettamente integrato.

In un mondo in cui dominano i "Mega", gli "Iper", i "Super" io, in quanto Maxi, mi trovo a mio agio. Faccio anch'io parte della Grande Illusione, della presa in giro universale di chi agita davanti agli stessi somari carote sempre più grandi.

Prendi tre, paghi due. Gustolungo. Colore sempre vivo. Alta velocità. Supersconto. Mentre il mondo del consumo è sempre più bloccato sui tassi di profitto che devono solo crescere, la sensazione che si vuole trasmettere è quella di un grande dinamismo. Le merci ci appaiono più grandi, più colorate, più belle. In realtà, mentre cala vistosamente la qualità, i prezzi aumentano. Una volta il gelato si comprava la domenica. Bisognava in qualche modo guadagnarselo.

Il maxicono non è più per i bambini. È per un target di donne che, secondo la pubblicità, se lo godono in piscina. Non c'è limite alla volgarità. E, naturalmente, il maxicono è contenuto in un maxiinvolucro.

Che viene regolarmente buttato dal finestrino, per maxiinquinare di spazzatura le maxistrade già piene (anche di maxibidoni per la raccolta differenziata, regolarmente vuoti).

Sono una macchina fotografica. Pendo al collo di un turista, in inclusive tour nella nostra bella penisola. Roma, Firenze, Venezia ecc., tutto compreso.

Una settimana, quasi una deportazione in pullman a due piani con aria condizionata, tv color e cesso chimico.

Quante ne ho dovute vedere durante questo viaggio. E quante, purtroppo, ne ho dovute fotografare.

Il mio obiettivo arrossiva spesso e non è che sia timido, essendo da sempre abituato a registrare ciò che è vero, reale. E anch'io sono nauseata, vorrei non togliermi più il tappo nero dall'obiettivo, vorrei non sostituissero mai più le pile scariche, vorrei non funzionasse il flash. A Firenze, per esempio, non c'è stato modo di fotografare il mio padrone in piazza Duomo. Lui mi aveva dato in mano a un signore gentile che si prestava a schiacciare il pulsante. Ma non si trovava l'inquadratura. Tra cacche di cavallo, bidoni della spazzatura traboccanti di rifiuti, lattine abbandonate sugli scalini della basilica, transenne, baracchini con le maglie di Batistuta in vendita, sembrava di essere nella più squallida periferia di un paese del terzo mondo. E gruppi di turisti tedeschi cantavano a squarciagola e a torso nudo, ubriachi di birra. A Venezia il mio padrone desiderava essere immortalato sul ponte di Rialto. Ma il ponte era intasato da una folla talmente compatta da risultare immobile. La puzza di sudore, il caldo, le urla dei bambini...: sembrava di essere allo stadio di Bari il giorno dello sbarco degli albanesi. A Roma non è andata meglio. Lì siamo stati travolti dai pellegrini del Giubileo. Gruppi capeggiati da guide con l'ombrello alzato si sono scontrati formando dei grovigli inestricabili. Cinquanta parrocchie italiane al giorno riversano tra Castel Sant'Angelo e via della Conciliazione pullman stracarichi di anziani in cerca del perdono prima del loro imminente viaggio senza ritorno. Anche lì regnava la carta oleata, residuo della pizza a taglio, e ho dovuto immortalare perfino una bella vomitata sul primo scalino del sagrato di San Pietro: un turista con lo stomaco in subbuglio, evidentemente. Nei ristoranti dove ci si fermava il cibo era di plastica, il conto salatissimo, il servizio nullo, i bagni inservibili tanto erano sporchi. Ecco il turismo di massa: una massa di gente che affronta città inadatte ad accogliere l'invasione degli Unni. Ma le agenzie di viaggi devono lavorare, ma le compagnie aeree devono vendere i biglietti, ma gli alberghi devono riempire le loro stanze senza neppure un'ora di vuoto, ma i fast food devono smerciare patatine e Coca-Cola, ma i negozi devono rapinare i poveretti che si avventurano al loro interno alla ricerca di un souvenir, gli italiani senza morale devono sfruttare il più possibile i turisti durante i mesi estivi. Noi povere macchine fotografiche dobbiamo sopportare, ma siamo sconvolte.

Sono sempre io, la macchina fotografica. E sono sempre al collo di un turista, questa volta giapponese, che ha deciso di prolungare il suo soggiorno italiano alla ricerca di quell'Italia che le agenzie gli avevano venduto e che lui non è ancora riuscito a trovare. Questa settimana ci siamo spostati nella campagna toscana: Mugello, Val di Sieve, Chianti. Luoghi medicei, rinascimentali, posti da merende sull'erba, da trattorie tipiche, recitava la guida.

Il mio obiettivo – che il clic prodotto dall'indice del mio padrone faceva aprire e chiudere in continuazione – ha fotografato quanto segue: condomini di tredici piani, villette a schiera malamente coperte dalla vegetazione, viadotti per l'alta velocità in costruzione, scheletri di alberghi e biblioteche comunali in via di completamento, centri commerciali, aree di servizio con i colori squillanti e i tetti aerodinamici delle compagnie petrolifere, ipermercati, ristoranti per banchetti di nozze da cinquecento coperti, megadiscoteche in aperta campagna con, accanto, il cosiddetto indotto: pizzerie, sale giochi, parcheggi; multisale cinematografiche, sopraelevate, sterminate concessionarie di auto, tralicci per l'energia elettrica, rivendite di caminetti e statue da giardino esposte a cielo aperto, cimiteri con migliaia di "forni" in condominio, autodromi per competizioni moto-automobilistiche; ovunque un proliferare selvaggio di impianti per cartelloni pubblicitari, insegne al neon perfino in una tabaccheria di paese, rotonde spartitraffico, posti di ristoro con roulotte distributrici di porchetta e Coca-Cola, piste da cross, chiese futuristiche in vetrocemento a forma di pagode thailandesi, case coloniche restaurate con un occhio agli chalet svizzeri e l'altro alle fazende messicane patiomunite, e poi migliaia di pali telefonici e tralicci dell'alta tensione con fili elettrici dappertutto. Ho anche fotografato un canile con centinaia di bestie urlanti, le zampe anteriori puntate contro le palizzate di rete metallica. "È tutta periferia," ripeteva amareggiato il mio padrone mentre scattava. Il progresso medio – quello che deve soddisfare le esigenze di una classe media programmaticamente tenuta lontana dalla cultura e dal gusto da scuole "medie" dove insegnanti medi forniscono nozioni inutili a studenti medi – trasforma perfino le campagne meravigliose della Toscana in prolungamenti di periferie medie, senza neppure la visionarietà tecnologica o il degrado imponente delle periferie delle grandi metropoli.

Qui il degrado che avanza è "medio", come tutto il resto: per questo provoca più sgomento. È tutto a immagine e somiglianza di ciò che la televisione mostra e, infatti, perfino ai funerali, alla fine, scatta un bell'applauso.

Sono un cane. Un bel cane di razza, ma non vi dico quale perché per me le razze non esistono, esiste solo la razza canina di noi animali che abbaiamo e che, stupidamente, continuiamo a credere negli uomini. Gli uomini, loro sì, fanno distinzioni e ci dividono in cani per ricchi e cani per poveri. Ci capita di essere coccolati e vezzeggiati oppure presi a bastonate a seconda del prezzo che i nostri padroni hanno negoziato con l'allevatore. Ma noi parliamo la stessa lingua, il mondo per noi cani è uno solo, la Bosnia esiste solo perché qualcuno è morto sotto le bombe, mentre accompagnava il suo padrone al mercato. I confini delle varie patrie per noi non hanno valore. Se mi portano in Cina, i pechinesi continuano anche là a essere miei fratelli. Gli uomini, invece, sono diversi: sempre lì a guardare nel giardino del vicino, dove l'erba sembra sempre più verde.

A me, per esempio, mi hanno comprato come status symbol. Non per avere un cane, non per godere della mia compagnia che, vi giuro, è affettuosa senza essere invadente. No, mi hanno comprato per esibire la loro capacità di spesa, perché si sa che un cane come me costa molto. Volete sapere la verità? Ai miei padroni non gliene importa niente di me. La mia ciotola è sempre piena, il cuscino del salotto grande e morbido, il giardino dove posso uscire a irrorare le piante vasto e fresco. Non mi fanno mancare nulla. Ma non mi amano. Non mi rispettano in quanto cane. La mia padrona mi porta ogni sabato al "Salone di bellezza per cani", dove mi mettono i bigodini al pelo. D'inverno mi infila a forza una specie di cappottino scozzese. Così conciato mi tocca uscire al guinzaglio e per me non c'è umiliazione più profonda di quando incontro i miei simili. Alcuni ridotti come me, altri, più liberi, che mi guardano pieni di compassione.

Ieri sera – sonnecchiavo in sala da pranzo – ho sentito i miei padroni fare progetti per le vacanze. Barbados, Mauritius, le Fiji, la Thailandia e l'Indonesia: poveretti, non sanno più in quale posto strambo andare, pur di differenziarsi dai loro colleghi d'ufficio. Non c'era posto per me, in questi progetti di viaggi lontani. Mai hanno fatto il mio nome, nemmeno per un attimo si sono posti il problema di dove mi avrebbero lasciato, chi mi avrebbe dato da mangiare per tutto il mese di agosto. Ho sentito alcuni miei amici cani parlare di un campo di concentramento, chiamato "Happy Dog Hotel", dove ci ammassano d'estate. Si parte una mattina felici in macchina con il nostro padrone, e non smettiamo di leccargli la mano per la gratitudine di essere finalmente soli per una passeggiata, e ci si ritrova con il tonfo sordo di un cancello che si chiude alle nostre spalle.

Non si deve piangere, lo so, guardando il nostro padrone allontanarsi senza una parola, o una carezza. Non ci dice se e quando tornerà a prenderci e, in ogni caso, il tempo, le date, le ore e i giorni per noi cani non contano. Conta che qualcuno, quel qualcuno, in cui crediamo e che amiamo, ci sta lasciando. Ho sentito anche di molti cani meno fortunati – si fa per dire – abbandonati sulle autostrade. E non si deve piangere nemmeno in questi casi perché bisogna farsi forza per sopravvivere, per non morire di fame e di sete. Pensavo a questo mentre ascoltavo i miei padroni parlare di voli in business, di alberghi con piscina, di abbronzature, di campi da tennis e da golf. Mi sono guardato intorno: la loro casa – che pensavo fosse la mia casa – mi è apparsa a un tratto orribile. Piena zeppa di roba inutile, con tre televisori, l'aria condizionata, il forno a microonde, la moquette. Improvvisamente ho capito. Sono uscito veloce, ho saltato la cancellata di ferro battuto – mi sono anche graffiato e mi è uscito un po' di sangue – e sono scappato. Sono fuggito io, prima che loro mi abbandonassero. Sono andato alla stazione, là dove si riuniscono i barboni. Me ne sono scelto uno – questa volta ho scelto io –, un uomo buono e intelligente. Uno che non ha il televisore. Uno che sopravvive senza telefonino. Uno che non va mai in vacanza. Uno che non ha la macchina. Uno che vive bene lo stesso senza possedere e senza fare tutto ciò che facevano e possedevano i miei padroni. Sono scappato verso la libertà. Verso l'umanità. Qualcuno si chiederà cosa ci fa un cane di lusso con un barbone. Si domanderanno perché ci amiamo così tanto e dividiamo quel po' di pane che riusciamo a racimolare per pranzo e cena. Non sanno che anche a noi cani piace scegliere. E più conosciamo gli uomini schiavi del conto in banca, più apprezziamo i barboni, liberi sotto il cielo.

Come ogni anno, la famiglia a cui appartengo, o di cui faccio parte, si prepara ad andare in vacanza. La mia è una famiglia sensibile, moderatamente ecologista, nel senso che usa i contenitori per la raccolta differenziata della spazzatura e in cui i genitori rimproverano i figli se buttano in terra una cartaccia. Non ho mai dovuto aver paura, con loro, di essere abbandonato in autostrada, o lasciato in una pensione-lager per bestie.

Sono sempre affettuosi, non mi fanno mai mancare cibo e acqua fresca, i bambini giocano con me e i miei padroni mi portano, a turno, a passeggio. Se faccio la cacca per strada la raccolgono con la paletta. Insomma sono, siamo, una famiglia modello. È una vera pugnalata al cuore, perciò, vedere come questa famiglia si trasforma durante le vacanze. Una settimana prima della partenza in casa c'è un nervosismo diffuso.

I bambini hanno finito la scuola e sono tutto il giorno rinchiusi. Fa caldo, ci sono le zanzare. Io, che in genere non ricevo altro che carezze, vengo invece preso spesso a calci. La moglie è impegnata tutto il giorno a fare e disfare le valigie. Ha letto da qualche parte che bisogna partire portandosi dietro poca roba. E per lei "poca roba" significa due valigie per quattro persone. Solo che in queste due valigie ci vuole mettere il contenuto di due armadi. Così è tutto un fare e disfare. Il marito non vuole rinunciare, proprio in vacanza, a quel che fa durante l'anno: così uno dei problemi più drammatici è dove sistemare la mountainbike sull'utilitaria. Sopra, sul portabagagli? Dietro, attaccata al baule? Spedirla in treno? I bambini non sanno decidere cosa portarsi dietro: vuotano i contenitori dei giocattoli e cambiano ogni giorno la composizione della borsa. Quando finalmente ci si chiude la porta alle spalle, la settimana di guerra dei preparativi pesa sui volti dei miei padroni come un mese in trincea. Occhiaie, colorito livido, dolori vari alle braccia, torcicollo. Tra moglie e marito è come se ci fosse un conflitto sordo, si parlano a frasi smozzicate e a denti stretti, come se ognuno dei due ritenesse l'altro responsabile dei peggiori delitti. I bambini che sentono aria di tempesta, invece di star zitti, si ingegnano a rompere le scatole, frignano, urlano, vogliono questo e quello. La macchina è stipata fino all'inverosimile e io sono costretto a schiacciare il naso contro il vetro del lunotto. Partiamo, tristissimi e incazzati, verso i nostri quindici giorni di riposo. Quel riposo che abbiamo aspettato tutto l'anno e che inizia con un superlavoro eccezionale, il vero lavoro da cui dovremo tutti riprenderci e per il quale, forse, quindici giorni non basteranno. Io, poi, non sono più sicuro di niente: chi mi dice che, a causa dello stress dei miei padroni, non sarò uno dei trecentomila cani abbandonati per strada durante il "grande esodo"?

Sono la moglie del nucleo familiare di cui ha parlato il cane. Fido ha detto molte cose giuste sul clima di nervosismo che si respira in casa nostra alla vigilia delle vacanze.

Ma oggi voglio dire la mia. Sono casalinga, quindi, per la morale corrente, nullafacente. Il lavoro domestico non è considerato un lavoro. Eppure, come tutti sanno, inizia alle sette di mattina e finisce, spesso, a mezzanotte. Comprende, se vogliamo esprimerci in termini aziendali: gestione delle risorse umane (marito e figli), amministrazione del budget, controllo dei costi, pianificazione strategica (scelta di asili, scuole, pediatri, dentisti, utilizzo del tempo dei figli a breve, medio e lungo termine), pubbliche relazioni (con le maestre, i professori), manovalanza (bucato, pulizie) e prestazioni specializzate (cuoca, amante raffinata per la notte perché, si sa, i mariti ci vogliono sempre un po' puttane). Bene: in azienda questi ruoli sono coperti da persone diverse, alcune a livelli dirigenziali, e, ovviamente, retribuite con stipendi adeguati. In casa tutte queste attività appaiono irrilevanti e sicuramente non meritevoli di retribuzione. L'unica carota che viene agitata davanti a noi povere casalinghe bestie da soma sono quei quindici giorni di vacanza che, ogni estate, aspettiamo per tirare il fiato.

Ma ha ragione il cane: la settimana prima di partire è un inferno, tra valigie, bucati, pulizie, frigo da svuotare senza far morire di fame la famiglia, previsioni strategiche delle cose da portare in caso di bello e brutto tempo. Sono sei giorni tremendi. Al lavoro quotidiano si aggiunge il superlavoro della preparazione. È ovvio che, quando ci chiudiamo la porta alle spalle, siamo sfiniti e torvi. Mio marito non mi aiuta: torna tardi dal lavoro e deve già smaltire le sue frustrazioni e i suoi problemi. La sola cosa che lo appassiona è dove mettere la mountain-bike, ragion per cui dedica le sue serate a complesse prove di sistemazione tra portabagagli e tiranti elastici. I bambini risentono del clima di nervosismo e sono particolarmente insopportabili.

Il cane è sempre tra i piedi. Sono anni che dico che io in vacanza dovrei andarci da sola. Oppure che ci vadano loro, marito figli e cane, e mi lascino a casa, a dormire fino a tardi, a passeggiare nella città deserta, a godermi il cinema all'aperto di sera. Sola, per quindici giorni, a casa mia invece che su una spiaggia carnaio tutto esaurito. Ah, che sogno!

Sono una ragazzina di quindici anni, troppo grande per essere contenta di passare due settimane in pensione con i genitori, troppo piccola per essere lasciata libera di partire con gli amici. Le vacanze al mare in famiglia sono una tortura. Al mattino, quando ci si trova per la colazione, inizia il tormento. Mia madre e mio padre danno il via alle sevizie con un vero e proprio interrogatorio che riguarda: lo smalto blu che mi sono messa sulle unghie, le treccine che mi sono fatta ai capelli, il piercing con la pallina d'argento alla narice sinistra, gli orecchini, il top che mi lascia scoperto l'ombelico, gli zatteroni, la catenella alla caviglia, l'anello con il teschio, la borsa da spiaggia con le facce delle Spice Girls, la minigonna.

Il martirio non finisce qui: loro sparano a raffica, non stanno zitti un minuto, mentre io mi ingozzo di Buondì. Rispondere? Mai. In spiaggia l'interrogatorio si fa più pressante e verte su: le riviste che leggo ("Top Girl" e "Kiss me"), la musica che ascolto (i Backstreet Boys e Biagio Antonacci), il walk-man e la maxiradio che ho sempre con me, gli occhiali da sole che indosso, la crema che mi spalmo, il bikini troppo ridotto, il tempo che rimango esposta al sole, il tempo che rimango in acqua, il tempo che dedico a una passeggiata sulla spiaggia, la bibita che bevo, il gelato che mangio. A pranzo uno si aspetterebbe una tregua. Macché. E perché mangio così poco, e perché mangio così tanto, e perché spilucco, perché sbriciolo il pane, perché non prendo le verdure, perché tengo i gomiti sul tavolo, perché scelgo la Coca-Cola con gli spaghetti al pomodoro, perché sto sempre zitta, perché intervengo sempre quando non dovrei parlare. La sera, dopo cena, mi si consente di passare un paio d'ore nel giardino della pensione con altre due o tre disgraziate della mia età, ammorbate da genitori come i miei. Il sabato, invece, ci danno il permesso di ciabattare un po' sul lungomare. Lo strazio continua al ritorno: e con chi sono stata, e se ci siamo fermate a parlare con qualcuno, e come mai sono rientrata tardi, e perché sono rientrata così presto, e cosa ho bevuto, cosa ho mangiato. Il supplizio termina con me che alito in faccia a tutti e due per dimostrare che non ho fumato.

Quando vado a letto e la stanza della pensione piomba nel silenzio tipico delle pensioni (e cioè: tapparelle che si srotolano, sciacquoni che gorgheggiano, colpi di tosse nelle stanze accanto, zoccoli che camminano al piano di sopra, televisore a tutto volume in portineria), finalmente posso commiserarmi odiandoli di un odio feroce e piangere a dirotto.

È il mio turno: *sono un padre di famiglia*.

Non so se sia un pregio o un difetto, ma io sto quasi sempre zitto. Mi immergo nella lettura della "Gazzetta dello Sport" e ascolto il sonoro della vita quotidiana che mi scorre accanto. Non capisco quasi niente di ciò che leggo (del resto sui giornali sportivi c'è poco da capire: sintassi e contenuti sono spesso primitivi) e capisco altrettanto poco di quel che si svolge intorno a me. La mia vacanza trascorre in una beata ignoranza, in una specie di tolleranza indiscriminata per tutto, basta che non mi rompano i coglioni.

Mia figlia si buca l'ombelico con il piercing? Il cane vomita? Mia moglie si arrostisce al sole procurandosi ustioni di quinto grado? Non si dorme la notte in albergo per via delle zanzare e del concerto di sciacquoni? Si esce a mangiare una pizza e ci fanno aspettare due ore prima di servirci? La macchina è arroventata quando ci si sale sopra per tornare dalla spiaggia? Il rito del gelato sul lungomare si trasforma in una specie di incubo claustrofobico per la folla che zoccola sui marciapiedi?

Mi passa tutto sopra: i quindici giorni di vacanza sono una via crucis che bisogna percorrere sino in fondo. Una specie di penitenza che ci autoimponiamo per esorcizzare la colpa di aver sonnecchiato in ufficio durante tutto l'anno. Un brutto sogno popolato di umanoidi unti e profumati di vaniglia, pronti per essere fritti, di venditori di cianfrusaglie colorate, di bambini dispersi, di mocciosi frignanti, di conti da pagare, di macchine a passo d'uomo, di cicche infilate a raggiera nella sabbia, di bottiglie di plastica cullate dalle onde. Preferisco estraniarmi, tirarmi fuori.

Sono come un pesce in un acquario che vede gli uomini agitarsi al di là del vetro. Ho fatto tutto giusto: ho il posto di lavoro assicurato, avrò la promozione, la mia squadra ha vinto lo scudetto, la mia macchina è sempre lustra: non mi manca niente.

Se la comprensione di mia moglie e dei miei figli non è

totale mi rifugio in quella del cane, che approva sempre. Avrei tutto per essere felice. Ma mi è finita la passione per la vita. Mi sento uno dei tanti zombie che popolano il paesaggio italiano.

Mi concentro allora sull'abbigliamento e noto con piacere che i miei colleghi mariti-padri di famiglia sono quasi tutti come me: con una bella pancetta da carboidrati a pranzo e a cena, con il loro bel braccialetto d'oro, la catena col medaglione al collo, il coordinato pantaloni corti e camicia stampato a carciofi e peperoni, il cappellino della Ferrari, il borsello e le ciabatte infradito.

L'Italia in vacanza è così e, tutto sommato, è una consolazione sentirsi uguali fra gli uguali, mangiare una fetta di cocomero alla sera e guardare le foto delle città vuote a Ferragosto sulla prima pagina dei giornali alla mattina.

Sono un televisore. Tutti i mesi d'agosto la stessa storia: all'inizio delle vacanze vengo abbandonato. I miei padroni mi coccolano tutto l'anno, non mi tolgono gli occhi di dosso, mi interrogano, credono in me, si lasciano plagiare. Poi, in estate, questi bastardi – sì, perché bastardi sono loro e non io; bastardi perché non hanno un punto di vista, perché ripetono quel che io dico, perché perdono tempo con me dimenticando l'esperienza diretta delle cose – questi bastardi, dicevo, mi abbandonano. Non capisco perché, nel momento in cui potrei servirli di più, quando potrebbero usarmi senza stress, senza litigare come se la partita o "Beautiful" fossero questioni di vita o di morte, mi caricano sul sedile posteriore dell'automobile e, a un certo punto, aprono lo sportello e mi buttano fuori. Mi fanno ruzzolare verso quei cimiteri dove, alla fine, mi ritrovo faccia a faccia, anzi, schermo a schermo, con altri miei simili: altri televisori abbandonati dai proprietari in cerca di libertà. Il paesaggio è desolato. E io che ero abituato a troneggiare in salotto in mezzo a tappeti e poltrone, immerso nella luce soffusa del salvalavista Beghelli, mi ritrovo fra vetri rotti, valvole, microconduttori: un vero cimitero catodico. Gli uomini sono diventati proprio cattivi. Una volta, d'estate, abbandonavano i cani. Oggi si liberano senza tanti complimenti del loro compagno più fidato, del loro caminetto elettronico. Buttano via il televisore. Cosa credono di fare? Pensano che senza di me parleranno di più? Leggeranno più libri? Trascorreranno più tempo con i figli? Andranno più spesso al cinema? Faranno più sport? Inviteranno più spesso a cena gli amici? Faranno più spesso all'amore? Sono dei poveri illusi. Senza di me saranno presto emarginati, tagliati fuori, esclusi. Tutta la vita moderna è modellata su archetipi televisivi. Non si sfugge a una vita regolamentata scientificamente sul consumo con velleitarie forme di protesta. Il mondo intero, la vita intera è piena di televisione. La televisione detta le regole della politica, crea e distrugge i leader, trasforma gli uomini in consumatori obbedienti e senza scampo. Non c'è futuro senza televisione. Se lo ficchino bene in testa quelli, e sono sempre di più, che si liberano di me, che mi vogliono uccidere e ridurre al silenzio.

Venerdì 24 luglio 2038.

Sono un addetto alla vendita balneare di status symbol. Qualcuno mi chiama ancora, in modo dispregiativo, "vu' cumprà", ma in realtà il mio ruolo è sempre più definito e prestigioso, la mia identità ormai riconosciuta. È finito il tempo delle marce forzate sulla sabbia, carico di tappeti e di valigie. È finita la questua. Non sono più io che cerco di vendere. Sono gli altri che vogliono comprare da me.

Mi sveglio la mattina: rapida colazione a base di succo d'arancia e corn-flakes e poi via, subito al bagno Mario di Forte dei Marmi, lo stabilimento frequentato dai vip. Qui ho il mio ombrellone, la mia poltrona di vimini, il mio tavolinetto con lettore elettronico di carta di credito. Verso le undici comincia la processione: le signore annoiate si avvicinano per valutare la merce. Con alcune ho preso appuntamento nei giorni precedenti, per essere in grado di soddisfare i loro desideri: le altre guardano, toccano, si informano su prezzi e caratteristiche, si consultano tra loro. Io vendo solo roba firmata rigorosamente falsa. Ma se è falsa – direte voi – che bisogno c'è che sia firmata? Intanto mi preme porvi di fronte a una questione spinosa: cosa è "vero" e cosa è "falso"? Due borse tutt'e due di pelle, tutt'e due con la "c" rovesciata, o con le iniziali gialline "LV", tutt'e due con la catenella d'oro: una costa duecentomila lire comprata da me, l'altra più di tre milioni comprata in via della Spiga a Milano o in via de' Tornabuoni a Firenze. Io sostengo che quella vera è la mia; vera perché la qualità è proporzionata al prezzo, vera perché soddisfa gli stessi bisogni, vera perché è fatta bene, da abili artigiani di Hong Kong.

L'altra, quella che certi negozi sfolgoranti di vetro e di luci cercano di rifilarvi nelle strade eleganti delle grandi città, è palesemente un falso. Prima di tutto perché non è possibile che una borsa così costi più di un milione. Attenzione, vi stanno raggirando: sono i soliti italiani che vendono la torre di Pisa ai turisti.

Poi perché anche questa è stata confezionata dagli stessi artigiani di Hong Kong. Stesso volume, stessa lunghezza dei manici, stessa chiusura a scatto. Capisco che le clienti, frastornate, facciano la fila per comprarle da me. Con quel che pagherebbero per una ne prendono una dozzina, da regalare o da rivendere, maggiorate del 100%, alle amiche. Non ci si capisce più niente, o meglio, è tutto fin troppo chiaro. Ed è talmente limpido che io, nero senegalese, laureato in ingegneria, con un futuro italiano di raccoglitore di pomodori, sono oggi un commerciante ricercato e ho un'agenda di nomi e indirizzi invidiabile: d'inverno, faccio servizio a domicilio.

Sono una crema solare. Unta, appiccicosa, puzzolente. Sono contenuta in un flacone il più delle volte arancione o giallo. Unto anche quello, sgradevole al tatto quando ci restano attaccati i granelli di sabbia. Mi rendo conto di non essere un granché. Sono un prodotto di massa, il mio valore aggiunto è zero.

Vengo spremuta e spalmata su schiene, cosce, toraci, gambe che, anche loro, non sono un granché. Sono un prodotto tipico della società dell'immagine che impone di sembrare, apparire. Sembrare belli e in forma, apparire ricchi. Una volta l'abbronzatura era prerogativa dei contadini, dei carpentieri, dei muratori: di chi lavorava all'aperto. Poi è diventata prerogativa dei ricchi che, con l'abbronzatura, dimostravano di avere tempo libero e possibilità di spendere in viaggi esotici invernali quando tutti gli altri sono in ufficio o in fabbrica. Mi sento vittima di una contraddizione. La gente mi usa per proteggersi dal sole che vorrebbe la abbronzasse. Si stende a pelle di leone sulla sabbia per ore, però unta e imbiancata da me che ho il compito di respingere i raggi ultravioletti. Mi chiedo: non potrebbero esporsi meno, non potrebbero stare di più sotto gli ombrelloni?

Ma spalmarsi di crema in spiaggia è un rito. All'ingresso degli stabilimenti balneari l'olfatto è colpito da una puzza acida e penetrante: migliaia di corpi oliati e impanati stanno friggendo al sole. Gli uomini si arrotolano il costume all'inguine, le donne si slacciano il bikini e si infilano le mutande tra le natiche, per permettere a ogni centimetro di pelle di ricevere il riverbero solare. I giornali e i libri che i maniaci dell'abbronzatura leggono sono pieni di ditate unte, i panini alla mortadella che mangiano hanno un sapore dolciastro derivante dalla mia composizione chimica. Aumentano pericolosamente i malati di cancro alla pelle, ma le spiagge continuano a essere coperte di morti viventi sdraiati a farsi vulcanizzare dai raggi UVA. A me pare impossibile che la gente voglia somigliare a Gianfranco e Daniela Fini, abbronzati tutto l'anno di un'abbronzatura oscena, funerea. C'è chi ha come modello l'Avvocato, che però ha già ripudiato la tintarella, da quando ha scoperto che Er Pecora (anche lui di Alleanza nazionale) va dall'estetista a farsi le lampade. Vi butto lì una domanda, un tipico quesito estivo: ma l'abbronzatura non sarà di destra?

Sono bianco, leggermente profumato, alto dieci piani. Sono misero, ruvido e leggero per i poveri, soffice e doppio per i ricchi. Sono un rotolo di carta igienica. Purtroppo, sono quasi sempre finito. Nel senso che, quando servo, novantanove volte su cento non ci sono. Oppure ci sono, ma sono caduto sul pavimento del cesso e rimango lì, inservibile, molle della pipì di tutti gli sciacquoni d'Italia: "Avete certo fretta, vi manca il tempo ma, figli di puttana, fatela almeno dentro!". È vero: tutti possono pisciare per terra, ma solo i veri uomini riescono a cacare sul soffitto. Ogni tanto rifletto sul mio destino: pulire il culo alla gente. Se ci penso mi deprimo, poi penso che pulire il culo è sempre meglio che leccarlo. I rotoli di carta igienica come me scarseggiano, ma i leccaculo abbondano. Sono loro, alla fine, a rubarmi il mestiere. Purtroppo, nel mondo c'è ancora un sacco di gente che non può permettersi di comprarmi. In molti paesi i giornali sono l'alternativa più diffusa, ma c'è chi usa addirittura un pacchetto vuoto di sigarette o il suo involucro di carta trasparente. Perfino un sasso liscio può sostituirmi. Si capisce che le agenzie di pubblicità più sofisticate si ingegnino per trasformarmi in uno status symbol. Anche me! Avete visto gli spot in televisione? Mai che mi mostrino nel mio ambiente naturale, il gabinetto. Macché. Sono sempre in salotto, tra divani e poltrone, e c'è un cagnolino di razza che gioca con me, mi srotola, si avvolge, mi morde. Vendere il valore aggiunto di un rotolo di carta igienica è l'esercizio più difficile per gli esperti di marketing. Ma ce la fanno. Prima di tutto aumentano il prezzo. La casalinga con un certo potere d'acquisto guarda dapprima quanto costo. Se non sono caro, l'articolo non interessa. Poi hanno cominciato a stamparmi. Il mio bel bianco puro è stato contaminato. Fiorellini, stelline, orsacchiotti e, dulcis in fundo, il colpo di genio: dei bei centoni sovraimpressi. Il massimo dello spreco per chi aspira a essere un vip: pulirsi il culo con un biglietto di banca. Gli snob, invece, mi acquistano dai "vu' cumprà" fermi ai semafori: così pensano di essere democratici. Mi sento al sicuro, qua nel mondo occidentale. La carta igienica è un business. Non come in India, dove la maggior parte della gente preferisce utilizzare l'acqua raccolta in un contenitore chiamato *lota*. La tradizione vuole che il lavaggio venga effettuato con la mano sinistra, mentre la *lota* viene maneggiata con la destra in modo che rimanga pulita anche per chi la utilizzerà in seguito. E poi dicono che l'India è un paese arretrato!

Si nasce, e poi l'unica cosa che siamo sicuri ci succederà sarà il morire; nel frattempo, se saremo fortunati e ci succederà tardi, invecchieremo; in fondo la vecchiaia non è altro che il castigo di essere ancora vivi.

Il Creatore ha deciso che per noi umani deve essere così.

Qualcuno ha pure il coraggio di dirmi che dovrei venerarlo, pregandolo e ringraziandolo per tutto quello che ha fatto per me, per aver deciso così del mio destino terreno; se invece io non mi comporto bene, rifiutando di venerarlo, di pregarlo e ringraziarlo, o semplicemente mi ribello a questo Suo sistema, lamentandomi della Sua mancanza di creatività, mi dicono che Lui mi manderà, per penitenza, a bruciare, da buon dannato.

Per l'eternità all'inferno, così imparerò a comportarmi bene e ad accettare finalmente la mia drammatica condizione umana.

Mi viene in mente tutto questo perché sono appena passati i due giorni in cui sono stati festeggiati e onorati i Santi e i Morti. Mi sono reso conto che in realtà questa è la festa di noi ancora viventi, siamo noi i veri santi a sopportare questo crudele destino che un giorno, speriamo tardi, deciderà di fare di noi esseri viventi dei veri morti sicuri. Non ho mai capito i cimiteri, per questa ragione non ci vado mai, non posso proprio accettare che i miei cari estinti siano lì, non posso credere che essi siano nei resti che si venerano sotto le lapidi di marmo delle tombe dei cimiteri, lì è proprio l'ultimo posto dove penso che siano; il mio ricordo di loro vive in altri luoghi, e quindi io li vado a trovare altrove, sicuramente in posti più allegri: solamente così essi vivono ancora attorno a me. Perché dobbiamo ricordare i nostri morti in modo triste e funereo? Perché quasi sempre i nonni e le nonne, i padri o le madri si ricordano solamente come delle persone vecchie? Forse perché prendiamo come loro ricordo l'ultima foto che gli abbiamo fatto. Ebbene, io preferisco ricordare mio padre quando era giovane e pieno di vita. Sono stato sempre contrario ai cimiteri, soprattutto quelli cattolici, con quegli assurdi monumenti, le croci e gli angioletti, i fiori di plastica, i lumini e le candele, e quelle frasi drammatiche con la foto in ceramica ovale del caro estinto; questi cimiteri non fanno che aumentare il dramma e la tristezza della morte. Del resto la religione cattolica non è certo stata pensata per renderci allegri, direi anzi che è esattamente il contrario dell'allegria: è concepita per farci soffrire il più possibile; solamente così raggiungeremo il regno dei cieli. Quando morirò, e questa è l'unica cosa che sono sicuro che mi succederà, voglio essere cremato, e poi vorrei essere sepolto senza tante messinscene in una fossa comune dove potrò finalmente riposare in santa pace, andando d'accordo con tutti, senza più differenze e discriminazioni. Senza più farci del male.

I KILLER

Lady Diana, dicono, l'hanno uccisa i fotoreporter.
Siamo tutti assassini.

I mandanti siamo tutti noi. Siamo noi, infatti, che abbiamo inventato la monarchia, il re, la regina, i paparazzi, i rotocalchi illustrati, gli scandali, la vita di corte, gli amanti, le biografie non autorizzate, le confessioni intime televisive, i vestiti di Versace, gli yacht, le limousine, l'Hotel Ritz, le principesse, le top model, le attrici, le mantenute, i pettegolezzi, le telenovelas, le foto rubate, i contratti di matrimonio, il divorzio, l'anoressia, la bulimia, i supermercati, il denaro, la lotteria, la ricchezza facile, le vacanze in Toscana, le vacanze in Sardegna, il look, le guardie del corpo, gli autisti ubriachi, la privacy, l'esibizionismo, i gioielli, Caroline e Stéphanie, i club esclusivi, i ristoranti esclusivi, i parrucchieri esclusivi, gli spot esclusivi, le corse dei cavalli, i cappelli, le rockstar, la moda, la depressione, i grandi magazzini, la Barbie, la droga, le love story, le ville, i castelli, gli aerei privati, i paradisi per pochi, il relax, i tribunali, gli avvocati, la dolce vita, Madonna, Ronaldo, gli assi di denari, i campioni, i vip, i miliardi, i buttafuori, le discoteche, le sfilate, la prima classe, l'oro, i diamanti, le villette a schiera, i condomini, i telefonini, il tinello, i profumi, i deodoranti, la permanente, i voli charter, il televisore in ogni stanza, le moto, i videogame, il telecomando, l'antenna parabolica, "Ok il prezzo è giusto", il gratta e vinci, il gioco d'azzardo, le carte di credito, la spazzatura, i rifiuti umani, i vincenti, gli sconfitti, la beneficenza, i buoni, i cattivi, le aste, le classifiche, la pornografia, le intercettazioni telefoniche, il computer, Internet, la realtà virtuale e tutti quei patetici espedienti che ci fanno sentire moderni mentre non siamo altro che schiavi del consumismo più bieco.

Anche di quello che ci fa divorare con gli occhi le vite senza significato delle persone cosiddette famose nel tentativo di trasformarle in modelli da imitare per riempire il nostro tragico senso di vuoto.

Ogni paese ha i crimini che si merita. Anche i delitti rispecchiano il grado di civiltà delle nazioni in cui vengono compiuti. Più la civiltà è evoluta nei consumi, più i crimini appaiono gratuiti, dettati dalle ossessioni o dalla noia. Ragazzi che uccidono i genitori per pochi soldi, lanciatori di sassi dai cavalcavia delle autostrade, omicidi di amanti: il catalogo dei reati è ripetitivo come le trasmissioni televisive, come i ponti sui viadotti, come le villette a schiera che sono spesso teatro delle stragi.

In altre civiltà i delitti si tingono di sangue arcaico: nelle strade d'Algeria lungo i cui lati vengono allineate teste mozzate, nelle piazze del Ruanda dove penzolano gli impiccati, nei paesi dell'entroterra indiano dove ancora si bruciano o si uccidono le neonate. In certi posti è la religione la causa scatenante dell'omicidio, in altri è la crisi dei valori (anche dei valori "religiosi").

È strano: c'è chi uccide perché è troppo osservante e chi lo fa perché ha smesso di esserlo, perdendo quella spinta etica al rispetto della vita che nella religione c'è, e anche molto forte.

Il paradosso inspiegabile è proprio questo sangue che gocciola da tutto ciò che ha a che fare con i credo religiosi: dalle immagini del Cristo cinto dalla corona di spine con il cuore in mano al sangue che sgorga dai corpi martirizzati dei santi, fino a quello vero di chi viene ucciso perché cattolico, o ebreo, o musulmano. Religione e sangue sembrano inscindibili nei secoli. E se quella manca è facile accusare chi uccide di aver perduto il senso del sacro. Se è troppa, fino a trasformarsi in fanatismo, si resta interdetti di fronte a chi spara in nome del suo dio.

Ciò che è sempre più difficile da accettare è il deprezzamento progressivo della vita umana, come se anche questa fosse un saldo, trattata alla stregua delle altre merci, nella frenesia consumistica che ci abitua a non tener conto di niente.

La vita ha senso solo se si vive "contro". Il conformismo uccide la creatività e finisce per annientare l'uomo.

Chi cerca il consenso a tutti i costi si adatta a vivere nella caricatura della vera vita. Siamo tutti prodotti derivati da qualcosa di autentico quando ci mimetizziamo nella mediocrità del branco. Ci dicono che dobbiamo essere magri: ci mettiamo a dieta; ci dicono che bisogna essere in forma: ci iscriviamo in palestra; ci dicono che una bocca e un seno carnosi sono meglio: ce li siliconiamo; ci dicono di vestirci alla moda: noi, obbedienti, compriamo il vestito firmato pagandolo tre volte il prezzo che vale; ci dicono che siamo ciò che consumiamo: e noi alziamo il tiro in un vortice di acquisti. Cambiamo la macchina, compriamo il viaggio in exclusive tour, installiamo la parabolica e il televisore in ogni stanza, maneggiamo due telefonini per volta, ricopriamo i figli di giocattoli inutili, il posto in tribuna allo stadio, la settimana bianca. I riti del consumo di massa ci manovrano come marionette. Ogni giorno, ogni mese, ogni anno è cadenzato da ciò che "si deve fare". Ma il sapore della libertà ce lo siamo dimenticato. Per questo ci incuriosisce, attira la nostra attenzione chi ha il coraggio di essere "contro". Ci sono personaggi che non hanno avuto paura di dichiarare la loro diversità: sessuale, religiosa, politica. La loro statura è cresciuta quanto più sono riusciti a spogliarsi dei pregiudizi e a rovesciarli addosso al conformismo di quelli che li avrebbero derisi. Ci rendiamo conto che la loro forza è immensa, ma nello stesso tempo prendiamo coscienza del muro contro il quale picchia la loro diversità. Chi è "contro" è più forte, ma il branco di chi invece si adegua è più numeroso. Il Che Guevara, Martin Luther King, Pier Paolo Pasolini sono stati uccisi dal muro di gomma della maggioranza. Loro erano soli e gridavano forte. Gli altri stavano zitti, ma erano di più.

L'alta velocità avanza. Siamo circondati dall'alta velocità. Essere veloci è un requisito indispensabile.

Chi vuole essere lento oggi? La lentezza non interessa più nessuno: non interessa l'automobilista, che in città ci sorpassa spericolatamente e che ritroviamo puntualmente fermo cento metri dopo a scaccolarsi davanti a un semaforo rosso; non interessa il motoscafista di Venezia, che scambia i canali per circuiti di off-shore; non interessa il cuoco, che, per essere più veloce e consentire a noi di esserlo, ci serve al ristorante spaghetti precotti; non interessa il tassista, che più corse fa, più guadagna; non interessa la maestra, ossessionata dal programma da finire; non interessa il giornalista, che deve consegnare rapidamente il pezzo e preferisce non approfondire; non interessa i bambini, che vogliono crescere in fretta; non interessa i treni, che recuperano, andando a trecento all'ora, i ritardi di ore con cui arrivano e partono.

Corrono i giovani e si schiantano in auto sulle strade; gli anziani, che non possono più correre, preferiscono restare immobili, e li ritrovano in casa in avanzato stato di decomposizione, anche dopo sette anni; ai bambini si insegna a correre, secondo l'antiquato criterio della "sana competitività"; perfino il gatto di casa, che della lentezza aveva fatto una regola di vita, deve velocemente sloggiare dalla poltrona davanti alla tv.

Tutto il sistema in cui viviamo è stato impostato sulla velocità. In omaggio alla velocità si costruiscono doppie autostrade, si trasformano carrozze ferroviarie in siluri aerodinamici, si infrange il muro del suono, si eliminano i marciapiedi.

La velocità è un artificio dell'uomo per arrivare – più velocemente – all'autodistruzione.

Mentre Wojtyla affidava il Duemila a due milioni di "sentinelle del futuro", centodiciotto sentinelle del presente morivano nel sommergibile atomico *Kursk* nei mari antartici.

Strana coincidenza. Speriamo che le sentinelle del futuro (nome che purtroppo evoca riti militari) siano veramente diverse da quelle del passato. Auguriamoci che questo fanatismo scompaia.

Al grande raduno di Tor Vergata, Wojtyla ha detto: "Nel corso del secolo che muore, giovani come voi venivano convocati in adunate oceaniche per imparare a odiare, venivano mandati a combattere gli uni contro gli altri. I diversi massimalismi secolarizzati si sono poi rivelati veri inferni. Nel nuovo secolo voi non vi presterete a essere strumenti di violenza e distruzione".

Proprio come i poveri marinai del sommergibile *Kursk*... La costruzione delle macchine da guerra, dei missili, dei bombardieri, delle portaerei, dei carri armati, dei cannoni, dei sommergibili atomici, delle armi da mettere in mano ai giovani, non si è mai fermata, e sembra non intenda farlo; tutto va bene per uccidere, la storia insegna che si è sempre ucciso in nome di un credo, di un'ideologia o di una religione e con un dio dalla propria parte.

Armi infernali concepite solamente per seminare distruzione e morte, e soprattutto per arricchire i padroni delle guerre.

Armi che sono il vanto delle nazioni che le costruiscono, per poi, quando non funzionano e uccidono i loro figli, piangere lacrime di coccodrillo. Ci sono purtroppo arsenali pieni di queste odiose macchine da guerra, tutte legali: hanno nomi di santi ed eroi, appartengono soprattutto agli eserciti di paesi potenti e ricchi, sotto diverse bandiere, diverse appartenenze politiche e religiose.

Speriamo di essere arrivati veramente alla fine.

Ma devono finire anche queste adunate oceaniche, che producono quel fanatismo a cui appartiene il culto della personalità che abbiamo potuto vedere a Tor Vergata e che piace tanto a Karol Wojtyla.

Sotto la punta della scarpa, sotto il tacco, sul pavimento dell'ufficio, su quello del bar, sul marciapiede, sulla strada, nella tazza con i rimasugli di schiuma del cappuccino, nell'orinatoio dei gabinetti, nel bicchiere con ancora un po' d'acqua; nella coppa del gelato, nel piatto con gli avanzi degli spaghetti, nel guscio di una vongola succhiata, nella sabbia degli stabilimenti balneari, nell'erba del giardino, sul lavandino delle toilette in autostrada, nella bottiglia della birra, sul piano d'appoggio sotto i telefoni pubblici, nella tazzina del caffè, nel pacchetto vuoto delle sigarette, nel cestino della spazzatura, sul davanzale della finestra, nell'avanzo della pizza (con effetto sonoro di sfrigolio), nel bicchiere di carta, tra i resti della torta, nel vasetto dello yogurt, nel vaso dei gerani, nelle aiuole spartitraffico, nel sacchetto delle patatine, sul pavimento dell'entrata dei cinema, degli ospedali, delle scuole, delle USL, nelle cucine dei ristoranti, abbandonate incenerite e consumate sul retro delle trattorie dove i camerieri vanno a tirare una boccata tra una portata e l'altra, nell'acqua del mare, galleggianti e inaffondabili negli sciacquoni dei cessi, tra le pagine spiegazzate di giornali già letti, sulla pietra dei terrazzini degli alberghi, negli ascensori, schiacciate nella mollica del pane, spente sulla buccia dell'anguria o del melone, infilzate nello stuzzicadenti, nei portacenere stracolmi. Questo è solo un elenco parziale dei posti dove i fumatori spengono le sigarette. Non è il fumo che dà veramente fastidio. Si respira tanto di quel catrame vivendo in città che quello proveniente dal fumo di una sigaretta quasi certamente non aumenta di un millesimo le probabilità di morire di cancro. Sono le cicche la vera disgrazia. Perché i fumatori non se le spengono nel buco del culo?

Da come stanno andando le cose, abbiamo sicuramente molte più chance di salvarci dall'inferno che dal paradiso. All'inferno, si dice che si brucia in un fuoco eterno che produce tantissimo fumo. Al fumo però finalmente, grazie a quel diavolo di ministro Veronesi, si sta ponendo rimedio, verrà messo lentamente al bando, del resto ormai tutti sanno che fa male, è cancerogeno e mortifero.

Ha prodotto milioni di vittime, e purtroppo ne farà ancora tante, visto che le multinazionali del tabacco stanno investendo soprattutto nel terzo mondo, e sui giovanissimi, potenziali clienti del fumo e della morte. Il paradiso invece è la religione, che ci circonda con il suo fumo passivo, altrettanto dannoso di quello dell'inferno, anche per chi, come me, è religiosamente laico; mi sento circondato da continue espressioni e manifestazioni di fanatismo religioso, disturbato da queste santificazioni e beatificazioni dubbie e ridicole, soffocato da questi raduni oceanici di giovani che hanno negli occhi quella luce fanatica di chi è convinto che gli siano appena apparsi santi e vergini; sono spinti dalla paura o forse dalla paura della noia che dà vita a questa ansia di religione, e alla fine è semplicemente un'ansia impregnata di paura. Solamente quando si è annoiati si produce questo integralismo, questo fanatismo da stadio o da concerti rock, dove sul palco si esibiscono artisti fricchettoni che vicino a Karol Wojtyla sembrano dei grigi impiegati di banca, dei dilettanti. Credere in un dio è indubbiamente un grande vantaggio, forse è la via più facile, è come, in tempi non molto lontani, anzi recentissimi, essere raccomandato da un democristiano e in altri luoghi da un comunista; credere in un dio ti dispensa dall'essere coraggioso nel rischiare di credere in qualcos'altro, la religione ti rende la vita più facile, e il posto più sicuro. La luce divina forse va bene per chi ci crede, ma per i laici come me questa luce è un'aggressione, questa luce può essere peggio di un inferno. Chi non crede in Dio o a padre Pio viene guardato come un inetto, invece dovrebbe essere apprezzato come un difensore dei principi di uno stato che si proclama laico, che si batte contro le ingerenze della chiesa, in politica, nella scuola, e nelle pubbliche amministrazioni. Decidere di vivere senza un dio comporta una scelta profonda e meditata. Se si è maturi per un dio si è generalmente acerbi per il prossimo. Mi sento circondato da un integralismo religioso che mi fa sempre più paura, è una dura battaglia doversi difendere dalle aggressioni quotidiane delle religioni, dei credenti, dei santi, delle chiese, dei dogmi, delle beatificazioni e così sia. Signore, il mio dio è l'altro dio! Non è un delirio, ma una profonda e faticosa convinzione.

AMEN.

In uno scompartimento, in treno:
"*Scusi, le dà fastidio se fumo?*".
"*E a lei dà fastidio se scoreggio?*"
Chissà perché l'odore di un peto innocente è moralmente condannabile più del puzzo di una boccata di fumo, che ha stagnato nei polmoni marci di un fumatore. Sfido chiunque a dimostrare, tra i due odori, che quello del fumo è più ecologico. L'odore di peto dura, in media, dai dieci ai quindici secondi. Poi si disperde naturalmente nell'aria. Una sigaretta, aspirata con calma e non con la nevrosi che spinge chi fuma a spegnerne una e accenderne un'altra, dura dai due ai tre minuti. Il fumo ristagna per ore negli ambienti, impregna abiti e capelli dei malaugurati che vi si trovano. Le cicche sporcano i pavimenti e riempiono i portacenere.

Una scoreggia provoca, tutt'al più, un risolino e una fuga temporanea. Bisognerebbe rivedere le regole del galateo per togliere dal peto quell'imbarazzo del "si fa ma non si dice" che provoca vergogna e trasferire tutto sul fumo, un'attività che dovrebbe essere relegata alla clandestinità e, qualora fosse compiuta in pubblico, condannata dalla riprovazione e dal biasimo. Chiedere ad alta voce in un salotto: "Disturbo se scoreggio?" servirebbe a rendere evidente la violenza di chi, chiedendo educatamente se può fumare, pretende in realtà di concedersi tre minuti in cui può fare i suoi porci comodi, che è, da sempre, il massimo della maleducazione.

E che dire della legge che impone al datore di lavoro di adeguare gli impianti di depurazione per permettere agli impiegati di fumare in ufficio? Significa che, in presenza di un ventilatore, sarà permesso anche scoreggiare?

Respirare il fumo di una sigaretta, infine, fa venire il cancro. Respirare l'odore di un peto fa venire, al massimo, il dubbio su chi lo ha sganciato.

Ci si scandalizza tanto per gli esperimenti di clonazione senza rendersi conto che la clonazione è sempre esistita ed è tuttora in atto. Evangelisti era un perfetto clone di Andreotti, Lorella Cuccarini è clonata da Raffaella Carrà, Emilio Fede da Berlusconi, Ombretta Fumagalli Carulli sembra separata alla nascita dalla bambola Barbie. Sarà l'effetto della televisione, ma spesso si ha l'impressione di vivere in un mondo di replicanti. Vogliamo tornare sul discorso dell'omologazione dei cervelli? O su quello dei nasi rifatti tutti uguali dagli stessi chirurghi estetici? Si pensa tutti allo stesso modo, tocca agli stilisti darci l'impressione di aver mantenuto una parvenza di libero arbitrio quando compriamo un vestito verde invece di uno rosso, con la sensazione, purtroppo, di aver operato una scelta. Parla Gianfranco Fini? Dice le stesse cose di Giorgio Almirante, con lo stesso stile retorico e demagogico, solo leggermente aggiornato, come le sue cravatte. Parla Walter Veltroni? È ecumenico come Giovanni XXIII. Se fosse per lui andremmo tutti d'accordo, la lotta politica sprofonderebbe in un mare di melassa. Il sindaco di Milano, Marco Formentini, che va a un funerale sbagliato, l'ho già visto in un film di Jacques Tati e in un altro di Buster Keaton. Il gregge di pecore, clonate o no, era già una metafora negli anni cinquanta, sessanta e settanta per definire l'elettorato democristiano. Le scimmie, in coppia o a branchi, le possiamo vedere ogni giorno per le strade mentre si ingozzano di pizza a taglio e di gelati e buttano per terra carta oleata, coni e coppette, pacchetti di sigarette vuoti e cicche a volontà. Una domanda: si potrebbero clonare un Pasolini, un don Milani? Venti Aldo Busi, per esempio, uno in ciascuna regione d'Italia, potrebbero servire a farci riflettere sulla nostra ipocrisia? Un Émile Cioran per ogni paese del mondo sarebbe un buon antidoto contro l'ottimismo che pare debba per forza regolare la cosiddetta società affluente? Ecco, io sono a favore della clonazione: dei Gandhi, dei Malcolm X, delle madri Terese di Calcutta. Vorrei che gli onesti, i disinteressati, i non violenti, gli antirazzisti fossero replicati come tante fotocopie. Invece, il massimo delle aspirazioni oggi è comparire in tv tutti i giorni come Maurizio Costanzo, essere pagati come un calciatore di serie A, essere magri come una top model. Tutti clonati scemi, purtroppo.

La monocultura ci uccide. Lo diceva forte Pasolini, più di vent'anni fa. Morto lui, sull'omologazione culturale è calato il silenzio. Anzi: il paradosso vuole che si considerino forme di progresso le manifestazioni più evidenti del degrado. Ci si rallegra che tutti oggi in Italia, grazie alla televisione, parlino la lingua plastificata di Mike Bongiorno piena di "esatto", "ok", "quant'altro".
A parlare dialetto sono rimasti solo Pacciani e i suoi compagni di merende. A proposito di merende: chi usa più questa parola? Mike la merenda la chiama "snack", "spuntino", "break". Tutt'al più "merendina". Allargando il campo, quasi tutti oggi sanno l'inglese. Un inglese orrendo, piatto, da aeroporti e da Internet. Un inglese mediocre come il computer. La monocultura parla lingue impoverite, che si credono erroneamente nobilitate da quel tocco di internazionalità che, al contrario, le ridicolizza e le uccide. Una volta c'erano le botteghe dove era un piacere andare a fare la spesa. Si parlava con il pizzicagnolo e il macellaio, con l'ortolano e il fornaio. Il progresso ha portato i supermercati, dove ci si approvvigiona come se stesse per scoppiare la Terza guerra mondiale e dovessimo rifornire il nostro personale rifugio antiatomico. Al posto del buongiorno e della buonasera, il suono del lettore elettronico dei prezzi evidenziati con i codici a barre. La monocultura dice cosa è giusto mettere in dispensa, mentre in altre parti del mondo manca perfino il pane. Sono cambiati i cibi, gli orari dei pasti e la composizione del nucleo familiare al tavolo del pranzo e della cena: le figlie sono a dieta e restano in camera loro a guardare la tv, i figli sono in palestra a gonfiarsi i muscoli. La monocultura emargina chi non ha un fisico da top model e trasforma i giovani in tacchini da allevamento farciti di estrogeni.
L'appiattimento della vita di noi poveri progrediti è totale. Il bello è che ci sembra di essere liberi. Ci si veste uguali, si guida nello stesso modo cafone, si guarda tutti la tv, si consumano merci con la stessa voracità con cui si continua a grattare, a puntare, a dare i numeri sperando di

vincere. E la monocultura allunga l'elenco di ciò che abbiamo ormai inevitabilmente perduto: l'educazione, una lingua che sia come la nostra casa, il silenzio, l'eleganza, la cura artigianale delle cose, i rapporti umani, la generosità, l'onestà, l'allegria ecc., ecc., ecc.

Alla demagogia ricorrono più o meno tutti ma il campione della demagogia, il vero numero uno, quello che non guarda in faccia nessuno pur di blaterare il suo falso populismo, il suo falso interesse per le sorti dell'Italia, quello è Silvio Berlusconi. Uno che può comprarsi le comparse che lo applaudono quando attracca con la sua nave nei porti così come paga il pubblico dei quiz nelle sue televisioni; uno che ha i soldi per acquistare tutti i circuiti di affissione per spiattellarci sopra la sua faccia nelle stazioni ferroviarie, uno che dice: "Guardate me: sono diventato ricco, farò diventare ricchi anche voi"; ecco, uno così (diventato ricco con Craxi e arricchitosi ancora di più sotto questo attuale "regime" che lui chiama "comunista") è la summa di tutte le corruzioni, la sintesi concentrata dei sorrisi, delle caramelle, dei giocattoli, dei regali che tutti noi elargiamo per compiere i nostri, piccoli o grandi, atti di corruzione. Non credo a una parola di quello che lui dice, non mi fido della sua sbandierata fede cattolica (l'ho visto fare la comunione ma è divorziato e, mi pare, la chiesa considera chi rompe un matrimonio fuori dalla grazia di Dio), non credo alla sua amicizia, poi al suo disprezzo, poi di nuovo alla sua amicizia con Bossi, non credo che a lui importi della qualità della vita degli italiani: lui è proprietario di ipermercati, di polizze assicurative, di immobili (o città: Milano 2, Milano 3), di televisioni, di giornali. Berlusconi ha sempre una caramella da offrire agli italiani che contribuiranno ad arricchirlo con l'illusione, poveretti, di arricchirsi loro: come lui, con incredibile faccia tosta, promette.

La nuova società, quella che tutti invocano, quella che tutti vorrebbero, la società civile che invidiamo agli inglesi e agli svizzeri, è tutta ai bordi delle strade: una speranza che non si realizzerà mai, riassunta e sintetizzata nelle migliaia di rifiuti che scarichiamo dalla macchina.

È in questo svuotarsi continuo che gli italiani danno il meglio di sé. L'abitacolo della macchina deve essere lustro e profumato alla vaniglia, abbellito da cuscini, corni rossi e animali di peluche: la macchina ci appartiene, proprio come la strada. Ma la strada sembra appartenerci meno, altrimenti non si spiega perché si possa abbassare impunemente il finestrino per svuotare fuori il portacenere pieno di cicche e di chewing-gum. Sui cigli delle provinciali, delle statali, delle autostrade fioriscono i kleenex, i sacchetti di plastica, i pacchetti di sigarette, le lattine vuote, i giornali già letti, le cassette con il nastro magnetico marrone che svolazza al vento, i tubetti vuoti delle medicine, gli scontrini del caffè bevuto in Autogrill, le carte oleate, le scatole di fiammiferi, gli accendini vuoti, i preservativi, le siringhe, i cucchiaini, il pvc declinato nelle forme più fantasiose (bottiglie, taniche, imbuti), le schede telefoniche esaurite, gli ombrelli rotti.

Nessuno di noi butterebbe la cicca in terra sul pavimento della cucina o del salotto di casa propria, ma tutti, dopo l'ultimo tiro, abbassiamo il finestrino per buttare il mozzicone ancora acceso per strada.

Un kleenex sporco in tasca o sul sedile della macchina ci fa giustamente schifo: meglio buttarlo subito via. La cassetta che stavamo ascoltando si è rotta? Un bel lancio mentre la macchina sfreccia, con tanti saluti agli spazzini. I pacchetti di Marlboro poi, quelli se ne vedono a migliaia: non c'è davvero bisogno che le multinazionali del fumo si mettano a fare pubblicità, l'Italia intera è una selva di mani che gettano in terra pacchetti vuoti rossi bianchi e neri.

Sono questi reperti di noi popolo maiale (con rispetto per i suini) le nuove reliquie di un paese che soffoca nella spazzatura. È il packaging nauseante che inscatola il cosiddetto benessere a venire frettolosamente abbandonato da chi non vede l'ora di compiere nuovi atti di acquisto e, per non perdere tempo, spegne la cicca nei rimasugli di schiuma della tazza del cappuccino.

La nuova società è ancora tragicamente lontana. E non so neppure se bisogna sperare nei bambini, pollastri ingordi allevati a forza di becchime chimico, pronti a replicare comportamenti e gesti imparati dalle mamme e dai papà.

Anzi, proprio i bambini svilupperanno per assuefazione più anticorpi, sopravvivranno all'ossido di carbonio e sporcheranno ancora di più e più a lungo. Ecco perché continuo a essere ottimista.

Viviamo in un ambiente artificiale. Siamo astronauti che galleggiano nello spazio della conoscenza. Ma la conoscenza che abbiamo del pianeta che ci ospita è scarsa. Perdiamo sempre più il contatto con le cose, deleghiamo l'esperienza al mondo virtuale dei computer. Il contatto con la natura si è interrotto. Non distinguiamo più la verità dalla finzione. In queste condizioni l'ideale è soccombere a realtà arbitrarie: Internet come simulacro dei rapporti umani e la televisione come legame con una realtà sempre più astratta. Sono questi i mezzi principali che accelerano il distacco dal contatto concreto con le cose. La televisione non fa altro che clonare esseri umani in nuove forme commerciali e artificiali. La televisione è uno strumento pubblicitario in mano ai controllori del potere, i politici prima di tutto. Sul video tutto diventa merce e si vendono le lacrime delle vedove e degli orfani insieme ai programmi di governo e al tonno in scatola. Noi uomini comuni ci sentiamo allontanati dalla partecipazione agli eventi importanti che scandiscono la nostra vita, non crediamo più nelle potenzialità del dialogo, del contatto fisico, della manualità. Piano piano restiamo estranei alla vita civile, alla vita vera, e ci accontentiamo delle finzioni che ci seducono dai numerosi schermi da cui siamo circondati. Anche la democrazia perde piano piano il suo significato per lasciare il posto a una massa teleguidata dai tecnici, dagli scienziati, dai politici: sono loro ad avere le risposte pronte per le domande di chi non cerca e non crede più nella propria esperienza. Sono loro a rassicurare chi si accontenta di delegare tutto, governo e affetti. Sono loro che ci dicono di accendere sempre più spesso il televisore, di sederci sempre più spesso davanti a un videogioco o a un computer. Sono loro che ci spingono alla chat virtuale via Internet.

3.7.1998. Preghiera del mattino.

Una squadra di pura razza ariana, tutti bianchi, affronta oggi pomeriggio la Francia. La battaglia si svolge su un campo di calcio. I tifosi delle opposte fazioni spolverano le bandiere. Oggi mi sento leghista. Tutti questi inni cantati dalla Nazionale, questo sventolio di tricolori, questa retorica degli abbracci tra chi parla la stessa lingua mi avvicinano a Bossi. Peccato che Bossi, oggi, si allontani da me: anche il cuore dei leghisti batte, nonostante tutto, per la Nazionale. Oggi anche D'Alema, anche Fini grideranno

"Forza Italia" e non c'è niente di più avvilente di un'unità nazionale che si realizza nel giro di due tempi di una partita. La patria? Se non ci fosse il calcio, se non ci fosse Bossi a ricordarci che perfino le regioni hanno dei confini, chi presterebbe attenzione a quest'idea un po' antica che Prodi si ingegna in tutti i modi di farci dimenticare illudendoci di averci finalmente portati in Europa? Se oggi si affrontassero la squadra della Nutella e quella del Formaggino Mio non sarebbe la stessa cosa. È il nazionalismo più becero e violento, quello che determina l'appartenenza, a rendere la gara più eccitante. Francia contro Italia.

Scapoli e ammogliati. Impiegati contro operai. Cantanti contro politici. Volete mettere con la Francia, l'Italia, la Germania, il Brasile, l'Inghilterra? C'è chi si accoltella per la propria patria. Sono sempre quelli che dalla patria hanno avuto meno i più generosi nell'azzannarsi. Come in guerra: in trincea si mandano i poveri. In curva sud allo stadio vengono concentrati i disperati. Che si accoltellino pure, ma tra loro. Cosa c'entrano il calcio, lo sport con l'apparato costruito dall'organizzazione dei Mondiali per truffarci ancora una volta, per farci balenare l'eventualità di un riscatto che non riguarda purtroppo la nostra dignità di uomini, ma più stupidamente la vittoria della nostra squadra, cioè della nostra patria? C'è qualcuno che scambia ancora le lotterie scandalosamente organizzate dallo stato con lo stato sociale? Spero che ognuno sia ormai cosciente della truffa organizzata con il gratta e vinci. Un modo raffinato inventato dai governi di Roma – direbbe Bossi – per spillarci ancora più soldi, assolvendo se stessi dalla responsabilità verso la comunità intera e alimentando le speranze di arricchirsi senza fatica di uno su cinquantotto milioni di abitanti. E c'è qualcuno che pensa ancora che andare allo stadio, a guardare la Francia contro l'Italia, sia una scelta libera, invece di un tacito consenso regalato alle multinazionali del consumo di massa? Se c'è, mi fa pena. Mi fanno paura le città che si svuotano all'ora del collegamento in mondovisione. Mi fanno paura le donne che confondono la loro emancipazione con un posto in tribuna e recitano la formazione di Maldini per dimostrare di essere uguali agli uomini, anzi ai maschi. Mi faccio paura io, che guardando di sfuggita Argentina-Inghilterra mi sorprendo a sperare per un attimo che l'Inghilterra perda. Perché se anche vincesse la Romania, o il Marocco o l'Albania avrebbe sempre vinto la Coca-Cola o la Nike, e cioè quel raffinatissimo apparato del consumo che muove le masse piegandole alle leggi del profitto, facendone masse di schiavi nel momento stesso in cui le illude di godere della massima e più ambita libertà: quella di gustarsi Italia-Francia in tv o, meglio ancora, di viverla da protagonisti sugli spalti dello stadio. Oggi io non guarderò Italia-Francia. Ho troppa paura di sorprendermi a sperare che l'Italia vinca. Lasciatemi questa piccola soddisfazione di sentirmi diverso. Mi stenderò sul prato a guardare le nuvole e ad ascoltare le cicale. Lasciatemi sentire, per una volta, superiore a tutti voi che avete preso un giorno di ferie, o tre ore di permesso per essere a casa alle quattro e avete messo in frigo le birre. Lasciatemi sentire superiore perfino agli intellettuali di sinistra (a destra non ce ne sono) che hanno capito ciò che ho capito io molto prima di me ma fanno finta di averlo dimenticato perché, anche a sinistra, si è ormai compiuto il ciclo. E ciò che appariva scandaloso subito dopo il Sessantotto, oggi, debitamente metabolizzato, può essere recuperato in una dimensione "ludica", mentre resta isolata, e perciò più potente che mai, la voce di don Milani che metteva in guardia i suoi ragazzi dal conformismo dello stadio e delle mode. Un pensiero a Pasolini, infine, che si interessava al calcio, mi auguro, solo per poter godere della bellezza e della vitalità dei calciatori. Per tutti gli altri tifosi un paternalistico monito di compatimento, un invito a svegliarsi, una prece.

Quand'ero piccolo era Gesù Bambino che portava i doni. Lui, da tipico ricco, era molto parsimonioso, potrei dire avaro; si vede che ormai la multinazionale divina è diventata così grande che il figlio del padrone non ha più tempo da dedicare alla logistica della distribuzione dei regali di Natale, lui adesso è un manager importante nella ditta Paradiso Spa, di cui il padre è presidente. Tutto il lavoro di consegna dei doni è stato delegato a Babbo Natale; infatti negli ultimi anni questo grassone lo si vede già un paio di mesi prima di Natale occupatissimo a far pubblicità per i grandi magazzini, i supermercati, i negozi di lusso, è su tutti i manifesti stradali a promuovere panettoni, salumi, sconti speciali, giocattoli di plastica, alcolici, profumi, automobili, biciclette, telefonini, computer, Playstation, cotechini, portasci, palloni, caschi, carrozzine, bambole o bambolotti. Si sente il nome per radio nelle pubblicità più banali, per cui alla fine è inevitabile che lui si pavoneggi in tv come una top model. Naomi Campbell in confronto è una dilettante.

Che pena mi fai, vecchione, sei sempre più triste e più grasso, forse dovresti andare a farti psicoanalizzare durante i pochi mesi estivi in cui non ci disturbi con la tua presenza.

Sei diventato una multinazionale, ti sei moltiplicato in modo immorale, sicuramente sei stato uno dei primi a voler essere clonato. Ti si ritrova in tutti i paesi dove il consumo inutile abbonda, per piazzare i tuoi prodotti riesci a parlare tutte le lingue: chissà che fatica sorridere a tutti quei bambini viziati che pretendono solamente regali, giocattoli, regali e giocattoli; non credo che tu ami davvero i bambini, se gli volessi veramente bene e li amassi, la smetteresti di riempirli di tutti questi doni inutili. Ho il dubbio che tu prenda una tangente da tutti quelli che ti utilizzano come pusher di Natale.

Non mi fai neppure più pena, sei sempre meno simpatico; una volta pensavo che ti obbligassero a fare quello che fai, ma adesso mi rendo conto che sei spinto soltanto da un interesse privato: hai regalato anche la tua morale?

Una canzone natalizia del terzo mondo suonerebbe così: "Babbo Natale, come mai non vieni mai nei ghetti a portare i regali a noi bambini poveri? Come mai non ti si vede mai da queste parti?". Ma Babbo Natale ormai appartiene all'opulento marketing natalizio, non ha proprio più voglia né tempo da perdere con i poveri, loro hanno pochi soldi, quindi spendono poco, non sono un mercato interessante. È meglio aver a che fare con i ricchi.

Il risotto alle fragole, il pollo all'ananas, la banana flambé, il coniglio con le mele, le penne allo champagne, la pizza con la rucola, il formaggio con le noci, i petti di tacchino al kiwi, la panna dappertutto: il degrado è arrivato anche in cucina. Le stramberie tipiche di quella che qualche anno fa si chiamava nouvelle cuisine, nient'altro che l'ennesima truffa acchiappagonzi per farli pagare tanto facendoli mangiare poco e male, sono arrivate in pizzeria. Non c'è ristorante medio-basso che non proponga il risotto alle fragole.

E, purtroppo, c'è sempre qualcuno che lo ordina. Alla ricerca di non si sa più cosa, noi italiani ci lasciamo sempre più sedurre da tutto ciò che è insolito, strano, esotico.

Se ci si imbatte in un posto che espone un'insegna onesta, tipo "Trattoria", e buttando l'occhio dentro si vedono tavoli apparecchiati con semplicità e un cesto di frutta fresca sul bancone, un cameriere con il grembiule bianco e il tovagliolo sul braccio che aspetta, il più delle volte si tira avanti. Ma se si vede un ingresso ad arco, con gli infissi di alluminio luccicante, se l'insegna dice "Cibo e non solo" oppure "Dimensione Lunch & Dinner" e se una ragazza in minigonna sgambetta tra i tavoli con il taccuino in mano per prendere le ordinazioni come si vede nei film americani, allora ci si ferma: il risotto alle fragole è già in pentola, aspetta solo di essere ordinato. Nell'ansia di assomigliare a Londra e a New York, le nostre città pullulano di ristoranti cinesi e anche indiani e giapponesi: ma quelle metropoli sono storicamente crocevia di razze e i ristoranti etnici sono giustificati da una clientela spesso oriunda. Ma in Italia? Ci si dispera per poche migliaia di albanesi che minacciano di entrare e poi si apre il ristorante indiano per ospitare la tavolata degli impiegati del catasto che vogliono provare qualcosa di diverso? La nostra cucina sarà salvata dagli americani, come Venezia. Sono gli americani della buona borghesia che organizzano tour gastronomici in Italia, che conoscono tutti i nostri vini, che assaporano lentamente i cibi regionali di cui sanno tutto, perché li hanno studiati su "Gourmet" e li hanno visti disegnati da illustratori sul "New Yorker" o fotografati nei grandi libri dedicati alla cucina italiana, con Sophia Loren in copertina che odora il profumo di un piatto di spaghetti al pomodoro e basilico. La nostra cucina sarà salvata dai giapponesi, che copiano i nostri piatti fin nei minimi particolari e li rifanno tali e quali, qualche volta anche meglio.

I cuochi dei ristoranti italiani, invece, sono lì a sperimentare i risotti con le fragole, il kiwi, gli spicchi d'arancia: avvelenano lentamente una tradizione millenaria, contaminano irrimediabilmente una cultura antica e hanno le stesse, gravissime responsabilità di chi inquina, di chi specula nell'edilizia, di chi corrompe.

Il contadino dice: "Non taglio il fieno perché il meteorologo alla televisione ha detto che pioverà". L'automobilista dice: "Non parto per Bologna perché 'Onda verde' alla radio ha detto che c'è nebbia tra Barberino e Roncobilaccio". La mamma dice: "Non mando mio figlio a scuola perché il giornale dice che c'è la cinese e quest'anno è veramente brutta".

Questi tre semplici esempi illustrano molto bene che ormai abbiamo quasi completamente abdicato all'esperienza diretta. Ogni nostro comportamento viene mediato da previsioni altrui, preferibilmente trasmesse via satellite. Il contadino non crede più nel suo istinto, non esce più la sera a scrutare il cielo, non si preoccupa più di verificare la direzione del vento e i mutamenti della luna. No. Si siede davanti alla tv e guarda le previsioni del tempo. L'automobilista che si fidasse ciecamente di "Onda verde" probabilmente dovrebbe vendere la macchina poiché non esistono strade e autostrade più intasate e tormentate da lavori in corso di quelle italiane. A volte rimanda saggiamente la partenza ma insieme agli appuntamenti perde l'esperienza dell'incontro con la nebbia, con la neve, con il temporale. Le mamme informate si attaccano a qualunque pretesto letto sul giornale per tenere "il mi' bimbo" al calduccio sotto le coperte: oggi è l'influenza contagiosa, domani è il bambino disadattato che disturba e che deve essere tolto dalla classe. Scienziati, tecnocrati, medici e colonnelli dell'aeronautica ci dicono come dobbiamo comportarci sorridendoci da uno schermo televisivo. Usiamo le mani quasi solo per picchiettare sui tasti di un computer. Ci sembra di essere dovunque perché teniamo acceso il televisore in salotto. Ci pare di avere amici in tutto il mondo perché scambiamo quattro misere frasi in un inglese mediocre attraverso Internet. E mentre perdiamo l'esperienza delle cose perdiamo l'intelligenza dei pensieri, convinti che la modernità sia il cyberspazio e la realtà virtuale.

Conosco un uomo buono. Un uomo mite e onesto. Un padre di famiglia esemplare, fedele alla moglie. Quando viene ospite a casa mia i miei figli gli fanno festa. In casa dà una mano, accompagna i bambini a scuola, fa parte del comitato dei genitori. Se ha un momento libero, la domenica, fa volontariato alla Misericordia. È donatore di sangue.

Ha sempre lavorato duro e ha un senso della famiglia molto forte. È anche religioso, è amico del parroco e non si tira mai indietro se c'è da dare una mano in parrocchia. L'ho visto una volta curare con passione una zampa ferita del suo cane. Un'altra volta ha rimproverato aspramente dei ragazzi che avevano legato un barattolo vuoto alla coda di un gatto per spaventarlo. Nei rapporti con gli altri è di una educazione e di una cortesia che sembrano appartenere non al degrado di oggi, ma alla civiltà di ieri.

È sempre calmo e la calma, si sa, è la virtù dei forti. È sinceramente preoccupato per l'inquinamento dell'ambiente e ha fatto parte delle squadre di volontari che ripuliscono le spiagge libere vicino a Cecina. In macchina rispetta i limiti di velocità, non parcheggia mai in seconda fila, nemmeno se si deve fermare un attimo a prendere il giornale. Ha smesso di fumare, ma quando fumava stava attento a non gettare a terra il pacchetto di sigarette vuoto e mai avrebbe svuotato, come fa la maggioranza dei fumatori, il portacenere dal finestrino dell'automobile. È un democratico vero, sinceramente antirazzista. Uno che tiene sempre le mille lire pronte per i lavavetri, e dopo il servizio non si dimentica mai di ringraziarli.

Quest'uomo buono, mite, onesto, subisce ogni anno a settembre una temporanea metamorfosi. Si alza alle quattro della domenica mattina, indossa un paio di pantaloni mimetici e una giacca a vento verde scuro. Si infila un cappello e gli stivali. Aggancia un carniere alla cinghia dei pantaloni, fucile a tracolla, cartucciera. Silenzioso, sale in macchina nella nebbia fredda dell'autunno. Si dirige in una zona boscosa. Cammina al buio e raggiunge un capanno. Si apposta, sempre muto. Chissà quali pensieri gli attraversano il cervello, in quel silenzio. Scruta il cielo che comincia a schiarirsi. Al primo volo di un passero, imbraccia il fucile, punta, spara e lo fa secco.

Poi, sempre in silenzio, raccoglie il bossolo.

La caccia è brutta. Andare a caccia fa parte degli hobby dell'uomo. Di un uomo che la natura la vede alla televisione, attraverso i documentari di Piero Angela. Conosco parecchi cacciatori. So come vivono. Sono schiavi della tecnologia e di tutto ciò che appare loro "moderno". Vivono in case con il televisore in ogni stanza e il salotto con i divani ricoperti dal cellofan. Il fucile è bene in vista, su una fuciliera di legno, accanto agli ultimi trofei imbalsamati: un fagiano, una lepre, un pettirosso. Sono abbonati alla rivista "Il cacciatore moderno" e sono informatissimi sugli ultimi tipi di carabina e sui pantaloni e i giubbotti più alla moda da indossare. Si telefonano con il cellulare per darsi gli appuntamenti. Abbigliati come i marine di *Apocalypse Now*, manca loro solo l'elmetto sulla tuta mimetica, gli anfibi ce li hanno già. Vanno a caccia in gruppo ma ognuno con il proprio fuoristrada. Parcheggiano proprio dove oltre non potrebbero andare, stringendo d'assedio il bosco con un muro di macchine. Hanno imparato a non fumare tra gli alberi, così gettano le cicche e svuotano i portacenere nella radura dove hanno parcheggiato. Portano con sé colombi-kapò: li fanno volare per attirare gli altri uccelli in modo da poterli impallinare. Qualche volta, per via delle mimetiche che indossano, si impallinano fra loro. È tale la fregola di sparare che fanno partire il colpo appena vedono muoversi qualcosa: spesso è il loro cane. Le regioni e le province cercano di regolamentare il loro hobby scaglionando le aperture: si comincia con la caccia al cardellino, poi viene il mese del fagiano e infine toccherà alla lepre e al cinghiale. Così, ci sono cacciatori specializzati.

La divisione del lavoro in fabbrica e in ufficio si ripete nel bosco, dove le masse interessate a sparare al passero lasciano il posto agli specialisti della lepre e poi a quelli del cinghiale. Si costruiscono capanni con tutti i comfort, abbandonano quintali di piombo fortemente inquinante nel sottobosco, calpestano campi appena seminati perché non li riconoscono. Se ammazzano un fagiano lo regalano alla cameriera filippina oppure lo portano dall'impagliatore (la moglie non lo sa cucinare e per la sera ha prenotato il ristorante cinese). Se pensano a un modello da seguire, pensano a un serial killer visto in azione al cinema, non certo al nonno contadino che andava a caccia quando questa non era degradata come oggi, ridotta a hobby per gli uomini veri che piacciono tanto ai pubblicitari e per i quali il libero mercato ha predisposto tutto: dal deodorante al profumo di muschio alla cartucciera firmata Trussardi.

Hanno un bel dire che sono ecologisti, che amano la natura. La natura non vuole essere amata. La natura non chiede niente a nessuno. La natura viene costantemente torturata e violentata: e non solo dagli incendi. Basta il trillo di un cellulare, un pacchetto di sigarette buttato in terra o una guerra di spari la domenica dell'apertura della caccia.

La caccia è bella. Andare a caccia fa parte della natura dell'uomo. Di un uomo, almeno, che è al centro della natura, che dipende dai suoi cicli, dal succedersi delle stagioni, dal clima, dal tempo.

Conosco un contadino che va a caccia. Conosco la sua casa. So come vive. La tecnologia che ci ossessiona lo ha appena sfiorato: usa l'elettricità, ovviamente, e qualche attrezzo da lavoro moderno, un trattore, una falciatrice. La sua casa è semplice, arredata con ciò che serve. Non c'è niente di tutto quello che noi crediamo occorra per abbellirla.

In camera, attaccato al muro, al centro della parete sopra la testata del letto, c'è l'unico quadro: una stampa di un Cristo con la corona di spine e il cuore in mano. In cucina, appeso dietro la porta, c'è il fucile. Andare a caccia, per lui, è normale.

Lui dipende ancora dal ciclo della natura e la sera si affaccia sull'aia per scrutare il cielo, per capire se l'indomani pioverà.

Pianta ulivi e cipressi che saranno alti quando lui sarà morto. Ovviamente non va a caccia perché ha fame. Cacciare per il bisogno primario di mangiare appartiene ormai alla preistoria. Ma quando porta a casa un bel fagiano è festa grande e sua moglie lo cucina arrosto con le patate e invita i parenti a mangiarlo. Conosce bene gli animali, lui. Sgozza polli e spella conigli per il pranzo della domenica. A dicembre ammazza il maiale e ne fa salsicce, prosciutti e salami che attacca ai chiodi delle travi di casa. Munge le vacche e sella il cavallo. Vive del suo lavoro: un lavoro suo, che gli appartiene e di cui conosce il ciclo completo, dalla semina alla mietitura.

Quando va a caccia confeziona da sé le cartucce, con i pallini e la polvere da sparo. Si alza all'alba, e, a piedi, si inoltra nei campi, fino al bosco.

I suoi gesti sono lenti, il cane lo precede. Andare a caccia, per lui, non è uno svago. È una possibilità. La possibilità di dividere con i parenti una bella lepre in umido, uno spiedino di uccellini, salsicce e patate. Non si pone neppure il problema del rispetto della natura. A volte la natura gli fa dei dispetti: una grandinata prima della vendemmia, un temporale appena tagliato il fieno. Ma lui e la natura sono alleati, complici, soci in affari.

Si rispettano a vicenda perché si conoscono. La caccia, quando chi ci va è un uomo così, è bella. O, forse, non è né bella né brutta: è come la semina, la mietitura, la vendemmia. Fa parte della vita, è nel ciclo delle stagioni. Pare strano dirlo ma, quando il cacciatore è un uomo come il contadino che conosco io, la caccia diventa un omaggio al creato, dove uomini e animali mantengono ciascuno il proprio posto e gli animali più grossi mangiano i più piccoli e l'uomo mangia gli animali e gli animali, a volte, mangiano l'uomo.

Leggo sul vocabolario Devoto-Oli alla voce "caccia": "la ricerca, uccisione o cattura di animali selvatici; la cattura e uccisione della selvaggina nelle condizioni permesse dalla legge; la zona dove si caccia o, anche, l'insieme dei partecipanti alla caccia; la selvaggina uccisa, la cacciagione, l'inseguimento, l'appostamento, la ricerca attiva e spesso condotta con l'astuzia di animali o anche di uomini; la spietata azione di ricerca o di inseguimento di una persona (durante una guerra civile, un'operazione di polizia in grande stile ecc.); ricerca avida e affannosa; azione bellica diretta contro aeromobili nemici in volo mediante aerei costruiti, attrezzati e armati appositamente; componimento poetico, di metro alquanto libero, in cui si rappresentavano con freschezza e vivacità scene di caccia e di vita campagnola; gioco che implica la ricerca di qualcosa di nascosto; pesca praticata con armi adatte all'uccisione della preda; caccia alle streghe; caccia grossa; caccia al ladro; apertura della caccia; riserva della caccia; andare a caccia; cacciaballe (fanfarone, mentitore); cacciadiavoli (chi allontana i diavoli dagli ossessi); cacciatore (chi pratica la caccia o ne è appassionato; avido, spregiudicato e talvolta feroce ricercatore; pilota di un aereo da caccia; soldato di particolari corpi equipaggiati e addestrati per svolgere mansioni di milizia leggera); Cacciari (sindaco di Venezia, eurodeputato dell'Asinello al parlamento europeo); scacciamosche, cacciabombardiere, cacciavite, cacciabalene, cacciachiodi, cacciapietre, cacciatora, pollo alla cacciatora".
E per associazione: fucili, cartucce, impallinamenti, bestemmie, sveglia alle cinque, mogli sole, fidanzate infedeli, animalisti rompiscatole, licenze, permessi, sindaci con potere, bandite, bracconieri, piombo, rumore, fastidio, cani, urla, divieti, fuoristrada parcheggiati ai margini del bosco, calpestare, oltrepassare, prede, politica, potere contrattuale, ricatti. Ogni anno all'apertura della stagione, mi rinfresco la memoria con i diversi significati della parola "caccia". Che sono molti, come molti restano i patiti

di questo sport che consiste nel tirare fucilate per ammazzare lepri e fagiani, volpi e cinghiali, con il pretesto di essere amanti della natura. Ogni anno, a settembre, le valli italiane risuonano di spari: nel concerto dei botti, io sfoglio il vocabolario, e mi diverto a riflettere sulla terminologia di guerra associata a questa parola. Poi provo a immaginare me stesso mentre imbraccio il fucile, carico e sparo a un uccello in volo. Rimango perplesso, a pensare.

Un uomo disarmato di fronte a un uomo armato è sempre in stato di soggezione, di inferiorità. I cacciatori, si sa, hanno il grilletto facile. Avvertono un movimento tra le frasche e sparano, impallinando il suocero o il cognato. Ma ora la caccia è finita. Sono già due settimane che non veniamo svegliati all'alba dalle fucilate, che non sentiamo più la gragnuola di pallini sulle tegole del tetto della nostra camera da letto, che non tiriamo più calci alle cartucce vuote abbandonate, per l'impotenza e l'impossibilità di raccoglierle tutte, quando camminiamo nei campi.

È finita la stagione dedicata ai cacciatori, ai loro cani, ai loro fucili e ai loro complessi.

Cento milioni tra uccellini, fagiani e lepri sono stati uccisi per imbandire le tavole dei parenti affamati dei cacciatori che se non avessero la lepre non potrebbero permettersi la carne, dato che hanno speso tutto per avere la licenza di caccia.

In cosa potrebbe sfociare questo bisogno atavico di scaricare la violenza puntando un fucile verso un obiettivo vivo e sparare?

Se non andassero a caccia, questi uomini, cosa farebbero?

Che la caccia sia un antidoto a forme di violenza che potrebbero ripercuotersi su mogli, figli, colleghi di lavoro? Già allo stadio e in discoteca ci si accoltella ormai con grande facilità. C'è una violenza repressa che deve in qualche modo trovare uno sfogo. Circa ottocentomila uomini in Italia hanno un bisogno particolare di scaricarsi. C'è un aspetto della caccia che potrebbe essere salvato, l'ho detto più volte: ed è quella compenetrazione con la natura che solo certi contadini (sempre più rari) possono vantare di avere.

Loro possono permettersi anche di andare a caccia perché sono rimasti attaccati a un modo di essere e di agire che è in empatia con le stagioni, con i boschi che conoscono palmo a palmo, con i campi seminati a grano che non calpesterebbero per nessuna ragione, con gli stessi animali che uccidono.

Ma lo sport di massa, la caccia in comitiva, accessoriata e mercificata, resta una sciagura.

O, tutt'al più, è una sostituzione di una terapia psicoanalitica, un modo per scaricare le frustrazioni e la violenza che la società moderna produce ormai in quantità industriale.

Che i cacciatori amino la natura (come qualcuno di loro dice) è la cosa più assurda che abbia mai sentito.

Santo Marketing. Grazie al Giubileo e a Karol Wojtyla, ho capito finalmente il vero significato e il vero valore della parola "marketing"; nessuno è mai riuscito, come la chiesa, e il suo Grande Manager, ad applicare così bene questa arte di inventare i bisogni inutili, esattamente come ha fatto il made in Italy, che però, pur utilizzando tutti i suoi investimenti pubblicitari e tutte le sue false immagini, a confronto del Giubileo fa ridere come può fare un dilettante.

Le code infinite nelle città italiane, di giapponesine e di turisti in generale, fuori dai negozi di Prada, Gucci, Ferragamo e altri marchi di moda, per potersi accaparrare, a prezzi folli, una borsa, un paio di scarpe, o un vestito, credevo fossero un vero successo di marketing; ma non sono niente se paragonate alle folle di fedeli e alle code di pellegrini che vanno a Roma per assicurarsi l'eventuale perdono eterno. Bravo Karol, dopo duemila anni sei il marketing-manager più forte al mondo, riesci sempre e comunque a far credere che il prodotto religioso della Tua chiesa sia indispensabile per il destino umano. Ormai la cultura laica ha lasciato il campo delegandoTi la vendita di tutte le moralità; purtroppo, però, questo marketing religioso è di retroguardia e trova difficoltà a coesistere con la scienza, con la modernità in generale: basta guardare l'atteggiamento nei confronti della pillola del giorno dopo, o perfino dell'hamburger.

I migliori clienti di questo marketing sono sicuramente i politici, che si sono ritrovati a migliaia, da tutto il mondo, a ostentare le loro buone intenzioni; si sono inchinati e genuflessi formulando i migliori propositi per il futuro, mentre a Gerusalemme, per ragioni religiose e politiche, continuano a scannarsi. Storicamente i politici, con le loro azioni, hanno diviso il mondo, ci hanno sempre insegnato chi odiare e chi uccidere in nome di una patria e di un dio, con guerre che hanno avuto il coraggio di chiamare giuste e sante; sono loro che decidono i confini e le frontiere e le dogane, sono loro che ci dividono per razze, invece di insegnarci che esiste una sola razza: quella umana. È stato molto divertente vedere questi maestri di cinismo far finta di promettere tutto il possibile per migliorare il mondo. Si è visto molto spesso, però, che tutti coloro che pubblicamente hanno detto di aver lavorato o che lavorano per il miglioramento del mondo sono finiti male o in carcere per truffa, e quando non sono finiti in carcere è perché sono o sono stati troppo potenti; e comunque alla fine il sistema riesce sempre a perdonare e reintegrare i cinici e gli ipocriti.

Il vero problema è che il mondo non migliora e non migliorerà mai e questo è l'alibi del cinismo dei politici.

Forse ammettere che il mondo non migliorerà mai è l'unico modo per cercare di migliorarlo, ma solo a condizione di sottrarsi al Santo Marketing Religioso e a tutte le genuflessioni del cinismo.

C'è chi crede nella religione e chi invece religiosamente crede nel non crederci. Non sono sicuro che chi crede in Dio creda veramente di più di chi invece in Dio non crede affatto. I credenti sembrano sempre così sicuri del fatto loro, danno l'impressione di avere un filo diretto con il soprannaturale, un rapporto quasi intimo con il loro dio, emettono una strana sicurezza.

E non si pongono mai il problema che tutto ciò potrebbe infastidire chi invece non crede in alcun dio. I non credenti, da parte loro, sono impregnati di insicurezze, incontrano difficoltà, devono costantemente giustificare il loro atteggiamento, devono scusarsi di essere atei, e stare attenti a non offendere chi invece crede, come se l'esistenza di un dio fosse un dato di fatto inconfutabile.

Il non credere implica maggior approfondimento, il non credente ha dei dubbi e si pone sempre dei problemi, sicuramente li affronta in modo molto serio e sofferto. Non credere significa rifiutare una grande comodità esistenziale, sicuramente è molto confortante accettare incondizionatamente l'esistenza di qualcosa di superiore, di soprannaturale, al quale ci si può rivolgere tutte le volte che se ne ha la necessità, qualcuno che ci sostenga e che ci dia coraggio ogniqualvolta se ne preghi l'intervento.

Chi non crede è molto più solo o meno protetto, ma forse proprio per questo dimostra uno speciale misticismo che supera la religiosità; non ci sono confessioni, redenzioni, perdoni, indulgenze per chi non crede, non ci sono icone e luoghi sacri per pregare, non c'è la resurrezione o la vita eterna dopo quella terrena. E forse proprio per questa ragione a chi non crede va riconosciuto il coraggio di affrontare la vita senza il sostegno e il supporto di qualcosa di divino, l'unico supporto è la propria umana coscienza, la propria fallibile morale laica, la propria autodisciplina, la propria scala di valori, che comunque alla fine può riconoscere benissimo – come il credente, e tante volte anche meglio di lui, pur non avendo l'illuminazione o la guida divina –, ciò che è bene e ciò che è male.

Negli ultimi tempi, soprattutto durante quest'ultimo anno, grazie al Giubileo, siamo stati sommersi da una strabordante ingerenza religiosa; i non credenti hanno dimostrato un'eroica tolleranza, hanno dovuto accettare questi attacchi continui da parte della chiesa su temi che non sono di sua competenza: chi non fa il gioco non deve fare le regole, ormai ci sono degli atteggiamenti da parte della chiesa che sono espressioni puramente folkloristiche.

I politici, le massaie, i geometri, i notai, i pizzaioli, i soldati, gli artisti, i finanzieri, i cacciatori, i faccendieri, i saltimbanchi, i cantanti, le miss, i ragionieri, i ferrovieri, i bari, i massaggiatori, i cuochi, i giornalisti, i cantanti, i manager, i commercialisti, gli avvocati, i giudici, gli elettricisti, i tranvieri, i becchini, insomma, quasi tutte le categorie umane sono andate a Roma a farsi benedire, tutti contenti, come in una imponente mobilitazione di massa, sotto forma di grande avanspettacolo. Così facendo, credono di entrare nel regno dei cieli per ottenere la felicità eterna, e dove invece io, non credente, e così anche tutti quelli che la pensano come me, non saremo mai ammessi.

Per nostra grande fortuna.

Sono tutte bugie: la sicurezza totale, la qualità totale, la garanzia totale. Quando la pubblicità contrabbanda questi concetti per vendere, bisogna essere coscienti che si tratta di un inganno totale. Prodotti che lavano più bianco, che "vogliono dire fiducia", cercano malamente di conquistare nuovi consumatori facendo leva sulla loro buona fede.

Nella lotta per accaparrarsi quote di mercato, i pubblicitari non esitano a sfidare l'illegalità. Ci mostrano automobili in cui rinchiudersi circondati da quella che loro chiamano "sicurezza totale": tra cinture, cristalli infrangibili e airbag, siamo già cadaveri quando ingraniamo la prima.

La sicurezza non è totale come vogliono farci credere gli spot: le autostrade sono piene di macchine schiantate, parzialmente – invece che totalmente – sicure. Perché gli imbonitori della televisione ne contrabbandano qualità e garanzia? Non sarebbe meglio avvertire, come per le sigarette e l'alcol: "Attenzione, l'uso non controllato può provocare seri danni alla salute"? I detersivi che lavano più bianco e più pulito: non basterebbe tirar fuori dalla lavatrice una tovaglia semplicemente bianca e pulita? No, evidentemente. Bisogna circuire le casalinghe, facendo credere loro che con quel dato fustino avranno biancheria "più bianca", "più pulita". Di chi o di che cosa non si sa e non importa.

C'è un marchio di latticini che, addirittura, "vuol dire fiducia". Cosa significa? Che quel dato marchio ha fiducia che i consumatori continuino a preferirlo rispetto ad altri? O che è più affidabile nel dosare gli ingredienti rispetto ai concorrenti?

Basta veramente poco per smontare le chiacchiere inutili degli slogan. Ci dicono da sempre che la pubblicità è utile, che informa, che è un servizio per aiutare i consumatori a scegliere. È facile dimostrare invece che è un'altra forma di inquinamento. Ha senso solo se è bella, se provoca un'emozione artistica o un cortocircuito del pensiero. Ma la maggior parte degli annunci commerciali non fa altro che prenderci in giro, sfruttando la nostra buona fede con l'uso spregiudicato di parole serie e importanti come: sicurezza, affidabilità, fiducia, garanzia, pulizia, eccellenza, rispetto, natura.

Parole buttate al vento che andrebbero invece verificate nel loro uso strumentale per pubblicizzare prodotti che non rispettano niente e nessuno (a parte i profitti di chi li vende).

Il grande equivoco della pubblicità: c'è una pubblicità che alcuni definiscono sociale.

Sono gli annunci che parlano di razzismo, di come prevenire l'AIDS, di come evitare gli incidenti stradali, di come combattere la droga, di come integrare le persone portatrici di handicap. Questa pubblicità viene chiamata pubblicità progresso e si distinguerebbe dall'altra pubblicità, quella dei due fustini al posto di uno, che evidentemente non farebbe progredire il genere umano (si tratta allora di pubblicità "regresso"?). C'è un codice stradale che dovrebbe imporre l'uso del casco per evitare incidenti, c'è un codice civile che dovrebbe impedire lo spaccio di stupefacenti, c'è una costituzione che dovrebbe garantire l'integrazione nella società civile delle persone handicappate. Ma, evidentemente, non bastano. C'è bisogno della pubblicità progresso. Ora, se è vero che la pubblicità commerciale, quella che interrompe i film in televisione, è veramente una mortificazione dell'intelligenza, si dovrebbe smettere di parlare di pubblicità sociale per distinguerla da questa.

Bisogna chiarire un dato di fatto: tutta la pubblicità è sociale. "Sociale" è un aggettivo che significa "relativo alla società umana". In questo senso la campagna con una modella che sfila in passerella è una campagna sociale. Ed è sociale la campagna di una macchina che corre veloce in autostrade prive di traffico, sono sociali le campagne dove una famiglia felice si ritrova al mattino intorno al tavolo della prima colazione per inzuppare un certo biscotto nel caffelatte.

Alcuni hanno giudicato provocatorie certe mie campagne per Benetton. Per esempio quella che raffigura i volti di ventotto condannati a morte, fotografati in differenti carceri di vari stati americani. Provocatorie per chi? Mi provocano molto di più le pubblicità che mostrano una vita irreale, dove i prati sono tutti verdi, i cieli azzurri, le casalinghe tutte felici e dove il mondo del consumo è rappresentato come se fosse il migliore dei mondi possibili. Non solo: pubblicità che ingenerano la convinzione che, se non usi quel determinato profumo, se non compri quella macchina, se non indossi quel paio di scarpe non sei alla moda, sei un escluso, in definitiva non vali niente.

Mi rivolgo alle donne: ma non vedete come vorrebbero farvi diventare i giornali e, tutte Claudie Schiffer e Albe Parietti? Ma non provate vergogna per come i vostri corpi vengono strumentalizzati per vendere di tutto, dal whisky ai telefoni cellulari?

Io credo che sia ormai giunto il momento di usare l'enorme potenza della pubblicità per dire qualcosa di meno frivolo. Se ne stanno accorgendo i grandi gruppi industriali, se ne stanno accorgendo i cosiddetti consumatori che sono, in definitiva, uomini e donne, con la loro intelligenza, la loro capacità di capire e non un gregge da manovrare e da rimbambire a forza di spot.

Sarà solo un sogno la grande rivolta dei consumatori contro la stupidità della pubblicità?

Se un altro mezzo di comunicazione potente, un giornale quotidiano per esempio, uscisse con una prima pagina modellata sui contenuti degli spot pubblicitari che si vedono in giro, i lettori protesterebbero. Pochi, invece, protestano per le pubblicità offensive che invadono strade e televisioni. Quelle sono tollerate. Si protesta, invece, se una pubblicità parla all'intelligenza dell'uomo e non al portafoglio del consumatore. Io vengo considerato immorale per aver considerato immorale la pubblicità. È davvero un triste paradosso.

Quante parole conosceva un monaco cistercense dell'anno Mille? Cinquecento? Seicento? Quante parole conosce uno studente della scuola dell'obbligo? Ventimila? Trentamila? Qual è la differenza tra loro? Semplificando si può dire che il monaco sapeva poche cose ma era in grado di metterle perfettamente in correlazione tra loro: aveva cioè una cultura che gli consentiva, conoscendo relativamente poche cose del mondo, di creare dei nessi e di sviluppare un pensiero.

Lo studente della scuola dell'obbligo, con il gergo anglofilo di Internet, i nomi dei cantanti rock, le specialità dello sport agonistico, le marche di scarpe, zainetti e abbigliamento, non riesce ad articolare neppure una frase. Balbetta "cioè", "niente", "voglio dire" ma non è capace nemmeno di mettere insieme soggetto verbo e complemento. Il monaco sapeva poco ma era colto. Lo studente sa molto ma è ignorante. I danni della cultura di massa sono infiniti. Le nuove generazioni non sanno letteralmente cosa farsene delle parole, delle lingue straniere, dei voli charter. Conoscono tutto, sanno tutto di tutti, a quindici anni hanno già girato il mondo ma sono di un'ignoranza abissale. È l'ignoranza dell'omologazione. Quando tutti diventano uguali perché i riflessi condizionati all'acquisto sono interplanetari, ci saranno sempre più ragazzini italiani, spagnoli, francesi che cantano in inglese le canzonette dell'ultimo CD di Madonna, ma mancheranno tragicamente i giovani che elaborano una loro idea di vita. Chi ha studiato è purtroppo culturalmente inferiore a un vecchio contadino con la terza elementare. Ragazzi senza un mestiere in mano, senza un'idea politica, senza una religione, bivaccano nelle sale giochi dopo essere usciti dalla scuola massificata (non di massa, si badi bene: ovviamente è importante che tutti possano accedervi). La massificazione della cultura contemporanea produce sempre meno monaci cistercensi e sempre più somari clonati. Così, quando vediamo avanzare il degrado ovunque, dobbiamo per forza rassegnarci.

Stracciatella e donne nude, panna montata e politica, fragola e cronaca rosa, cioccolato e cronaca nera: i giornali sono come tante gelaterie.

È finito il tempo in cui si credeva che nei giornali ci fosse la verità.

Oggi tutti sanno che, proprio come le gelaterie, i giornali devono accontentare diversi gusti.

Una cucchiaiata di nudo qui, uno scandalo là, un'opinione seria da una parte, una scemenza dall'altra.

Manovrati dagli uffici di marketing, individuano il loro target e lo servono stando ben attenti a dosare gli ingredienti secondo le quantità richieste.

I giornali sono confezionati proprio come prodotti qualsiasi e, proprio come la vendita dei prodotti qualsiasi, i conti sono più importanti della verità.

Profitti ed economia regolano la nostra vita e abbiamo sempre meno voglia di essere disturbati da dubbi e domande scomode.

I giornali copiano la televisione ma la televisione, soprattutto quella italiana, ha poca voglia di occuparsi del mondo.

Al massimo, può spedire un giornalista in taxi da viale Mazzini a Montecitorio, e lui si mette sulla porta a intervistare i deputati in ritardo.

Ecco perché i telegiornali e i giornali del mattino dopo sono così pieni di politica interna, di dichiarazioni inutili e di chiacchiere su tutto quello che sarebbe giusto fare ma nessuno fa mentre l'Italia galleggia tra i problemi di sempre.

I giornali, come i gelati, possono essere da passeggio, semifreddi, magnum e plurigusto. Cambiano di prezzo quando vengono farciti, il martedì, il venerdì e il sabato. Sono talmente consapevoli della loro pochezza culturale, informativa e morale da cercare sempre di attirare l'attenzione dei consumatori con qualcosa d'altro.

E non è più la verità, o meglio la ricerca della verità, il loro punto di forza ma la cassetta di un film porno, una marmellata, un pettine, un profumo.

Malinconici reperti del mercato generalizzato in cui siamo costretti a vivere facendo finta che sia il migliore dei mondi possibili.

Esatto. Ok. Fantastico. Voltiamo pagina. Buona giornata. Felice sera. Allegria. Da dove chiami. Un bell'applauso. Un aiutino.

Brandelli di italiano televisivo.

Brandelli di una lingua che era ricca e che la televisione sta progressivamente impoverendo. Come una malattia endemica, la televisione corrompe lentamente. Corrompe la lingua degli anziani: sono soprattutto loro a stare seduti davanti al video, durante le lunghe giornate di solitudine.

Una volta i vecchi erano depositari dei ricordi e si attingeva alla loro memoria per sentirli raccontare un mondo che non c'è più. Come era stimolante la noia di sentirli ripetere "Ai miei tempi". Oggi, come dice Guido Ceronetti, i vecchi "farfugliano brandelli di informazione televisiva" e, d'altra parte, nessuno li interroga più. I bambini non sono incoraggiati a instaurare un rapporto con le persone anziane. E la lingua dei bambini è ancora più degradata: loro farfugliano brandelli di videogiochi, in un italiano metallico, contaminato dall'inglese impoverito dal gergo dei computer.

Il passato non esiste in televisione se non come pretesto presente di catturare la fascia dei consumatori ultrasessantenni, per accaparrarsi le loro povere pensioni e mandarli tutti al supermercato a comprare la pasta adesiva per la dentiera, il salvalavita, l'apparecchio acustico, il pannolone e la Citrosodina. Il presente, in televisione, sono sempre le merci da acquistare.

Per i bambini sono le bambole, i mostri, le scarpe che trasformano in calciatore di serie A, la merendina di plastica al sapore di polistirolo. Poveri vecchi, poveri bambini, incatenati davanti a un simulacro di realtà. Il cerchio si chiude, un ciclo si compie: si comincia da piccoli e si finisce da vecchi a guardare la televisione. Nel mezzo, c'è da stupirsi se droga, disoccupazione, anoressia, bulimia, forgiano gli adolescenti e i giovani?

Che modelli hanno avuto, per sfuggire a queste calamità? La televisione li ha resi passivi, senza volontà, senza amore per la vita vera dall'età di due anni. Imparano da subito la competitività nei consumi e già da piccoli confrontano la cilindrata dell'auto del papà con quella dell'auto del papà del loro compagno di banco. Vecchi e bambini rappresentano il mondo muto della televisione.

Muto di parole, ricco soltanto di cose da comprare, di lotterie da vincere, di idoli da imitare. Poveri vecchi, poveri bambini: sempre più soli davanti ai canali di stato e a quelli commerciali.

Lasciati lì, a manovrare un telecomando da uno stato assente e da un commercio presente.

"Io, da telespettatore, la sera prima e un'infinità di sere prima ho visto sfilare, in quel video dove essi erano ora, un'infinità di personaggi: la corte dei miracoli d'Italia e si tratta di uomini politici di primo piano, di persone di importanza assolutamente primaria nell'industria e nella cultura; ebbene, la televisione faceva e fa, di tutti loro, dei buffoni…" Così scriveva Pier Paolo Pasolini nel 1966.

Pasolini aveva visto giusto e profetizzava ciò che oggi si è compiuto: il salto dall'ambiente naturale a quello fittizio, elettronico e virtuale dei nuovi mezzi di comunicazione. La tv è il pulpito del nuovo credo tecnologico: i contenuti non hanno più valore. Nessuno si ricorda cosa ha visto la sera prima. La tv è però un mondo che si ritrova nei giornali, che funziona per se stesso e per quei milioni di telespettatori che la guardano. Uomini, donne e bambini che ricevono impulsi e informazioni dagli schermi elettronici: e quelli della tv si sovrappongono a quelli del computer, e i videogiochi passano, tramite i CD-ROM, sugli schermi di televisori o PC. Le generazioni che ci hanno preceduto imparavano dalla natura, dai rapporti umani. Noi abbiamo rinunciato all'esperienza fisica delle cose: deleghiamo la conoscenza alla società elettrotecnologica, ci facciamo ipnotizzare dalla potenza ammaliante degli schermi che stanno riformando la nostra identità.

"Ti ho visto ieri sera in tv" si sente dire. Ma nessuno ricorda cosa si dice, perché la tv azzera la memoria. Eliminando il coinvolgimento sociale paralizza la mente e può, in certi casi, scatenare violenza. Per cinquant'anni abbiamo creduto che la tv fosse un antidoto, per sollevare il morale, per riempire i vuoti; abbiamo anche pensato che non ci avrebbe fatto male, se guardata con moderazione. Ma la tv non è giudiziosa, né moderata o moderabile. Non si parla più dei suoi effetti sulla gente. Diceva Pasolini: "L'ideale piccolo-borghese di vita tranquilla e perbene (le famiglie giuste non devono avere disgrazie: ciò è disonorevole davanti agli altri) si proietta come una furia implacabile in tutti i programmi tv e in ogni piega di essi". Oggi la tv è piena di famiglie disgraziate – ma spesso sono finte: professionisti pagati per mettere in scena il "disagio giovanile", quello matrimoniale, quello professionale – per fare audience. L'unico scopo della tv è quello di intrattenerci, senza farci cambiare canale. Chi non la possiede è guardato con un misto di sospetto e di commiserazione. Più ansiosi diventiamo più dobbiamo essere distratti: per esempio consumando. Più consumiamo, più diventiamo ansiosi. È un circolo vizioso. Siamo i benvenuti nel mondo del consumo elettronico, facili prede di chi ci convince a consumare la vita invece che a viverla.

I BAMBINI CI GUARDANO

Da bambino vivevo per strada. Al ritorno da scuola giocavo in cortile. La sera, prima di cena, scendevo di nuovo in strada.

Ci si ritrovava, con i ragazzi del quartiere, per la partita di pallone, per scambiarsi le figurine dei calciatori, per giocare con i tappi delle birre. D'estate, c'era una parte della vita che si viveva fuori dalla porta di casa. E a nessuno veniva in mente che potessero esserci pericoli. A turno, dalle finestre, le madri di ognuno di noi buttavano un occhio: tanto bastava per stare tranquille. All'ora di andare a letto era sufficiente gridare il nome dalla finestra. Ci si salutava, ci si dava appuntamento per l'indomani. I vicini di casa erano come una grande famiglia allargata.

Accadeva di frequente che mi fermassi a cena da un mio compagno e che lui mangiasse a casa nostra. Se si rompeva un vetro, con un tiro più alto del pallone, era un altro modo di socializzare, di intessere quei rapporti che trasformavano un condominio in una microsocietà solidale. Gli adulti si rivolgevano ai bambini con naturalezza, senza la paura di essere scambiati per pedofili. E, d'altra parte, imparavamo a difenderci da soli se qualcuno ci toccava in modo strano.

Le carezze erano carezze, senza doppi sensi, i ceffoni non provocavano crisi da psicologo o da neuropsichiatra. Se ripenso alla limpidezza di quei rapporti umani, nella Milano del dopoguerra, provo una nostalgia infinita.

Corso Como è ora una strada con negozi alla moda, dove la gente cammina frettolosa e buia in volto. Quelli che ci abitano non si conoscono tra loro, probabilmente scambiano appena il buongiorno sulle scale con i vicini di pianerottolo. I bambini se ne stanno rinchiusi dietro porte e finestre, seduti davanti a uno schermo, di tv o di computer.

Escono con la baby-sitter e vivono iperprotetti, senza mai avere la possibilità di sperimentare niente di male. Possono solo guardare la tv o giocare con un CD-ROM o con la Playstation.

Genitori paranoici li educano all'isolamento, all'igiene, alla diffidenza, alla solitudine. Perpetuano il loro stato infantile fino all'adolescenza e tirano su figli che non crescono mai. Può sembrare retorico dirlo, ma quando in strada si poteva ancora giocare eravamo persone migliori, la qualità della vita era più alta. Eravamo più poveri ma più fiduciosi. Avevamo un progetto umano del quale oggi si sente drammaticamente la mancanza.

C'era una volta un bambino. Un bambino che poteva essere accarezzato, al quale si poteva dare affettuosamente uno scappellotto o un pizzicotto. Un bambino che poteva essere preso in braccio e lanciato in aria, oppure, stringendolo sotto il mento, tirato scherzosamente su per fargli "vedere Lucca", come si dice da qualche parte qui in Toscana.

C'era una volta un bambino che poteva andare a giocare dai vicini, che poteva anche fermarsi a mangiare o a dormire da loro qualche volta. Un bambino che cresceva fiducioso negli altri, perché gli altri si dicevano ancora buongiorno e buonasera se si incontravano: anzi, spesso e volentieri si fermavano a parlare, si scambiavano opinioni e informazioni, auguri e condoglianze. C'era una volta un bambino a cui veniva per prima cosa insegnato a conoscere il mondo attraverso i vicini di casa, il fornaio, il lattaio e l'ortolano, che entrava in contatto con il pericolo attraverso l'esperienza diretta, imparando dov'è il pozzo e dov'è il semaforo, fino a dove si può andare senza chiedere il permesso, quali strade evitare e dove fermarsi in caso di bisogno. C'era una volta un bambino a cui nessuno chiedeva mai di memorizzare il numero del Telefono azzurro.

Un bambino che veniva incoraggiato a uscire e non a chiudersi in casa e a entrare in contatto col mondo attraverso la tv. Questo bambino esisteva una volta. Da un certo giorno in poi è stato messo in scatola, come le sardine o il tonno. È stato infiocchettato e venduto a chi, con la scusa di proteggerlo, lo ha trasformato in merce appetibile.

Così il mondo di oggi è pieno di bambini impauriti dagli esseri umani e sedotti invece dagli schermi, da tutti gli schermi, da quello del videogioco, a quello del computer, a quello del televisore. Ma è anche pieno di adulti impauriti dai bambini, adulti che non possono più accarezzarli o dar loro un buffetto. Il mondo di oggi è fatto di gente che abita sullo stesso pianerottolo ma che non si conosce. Di madri che impongono ai bambini di correre nel tragitto che separa la fermata dello scuolabus dal portone di casa. Di famiglie perbene che emarginano chi sceglie di vivere solo, perché chi vive solo è comunque "strano". Di padri di famiglia che insegnano ai figli la diffidenza, il sospetto, il rancore e la vendetta.

In questo mondo brutale, capita che un bambino sia vittima di violenza. Ecco allora la comodità a portata di mano: basta comporre il numero del Telefono azzurro e invocare la pena di morte per chi ha commesso l'abuso, perpetuando la violenza, prolungando all'infinito quel gorgo tremendo di disumanità dentro il quale noi esseri umani scivoliamo inesorabilmente. Le persone normali hanno sempre bisogno di un mostro da giudicare per convincersi di non essere simili a lui.

I bambini urlano perché gli adulti urlano. È difficile sentir parlare un bambino con un tono di voce normale. Le richieste, soprattutto, sono sempre espresse a voce più alta di quanto la vicinanza dell'interlocutore richiederebbe. Il modello, per questi bambini a squarciagola, è un adulto che grida come un pollo spennato. Grida in coda alla Posta, grida nel telefonino ("Mi senti, mi senti?"), grida in casa per sovrastare il televisore a tutto volume, grida all'uscita delle discoteche e dei locali pubblici, grida sul posto di lavoro.

I bambini non possono far altro che imitarlo. Per di più i bambini sono una minoranza oppressa che viene zittita con un urlo se disturba e che si becca uno schiaffone se contravviene alle regole di comportamento che il galateo piccolo-borghese impone.

L'infanzia, ormai, è un privilegio che tocca a pochi. Ai bambini si chiede di comportarsi subito da adulti, perfino i giochi sono prodotti a immagine e somiglianza dell'universo dei grandi.

Per i maschi l'Esercito, il Piccolo chimico, il treno e la macchina configurano già il suo futuro di soldato, professionista stimato e padre esemplare. Per le bambine le stoviglie in miniatura, la bambola che piange e fa pipì e il cestino da ricamo la rinchiudono fin dai primi anni di vita in quello che sarà il suo destino domestico di moglie e di madre. Verrebbe davvero da urlare, ma per ribellarsi.

Invece i bambini urlano perché vogliono di più: più soldatini, più bambole. Sono ormai dei mostriciattoli che triturano qualunque cosa, abituati fin da piccoli a consumare con la stessa voracità dei loro genitori. E, purtroppo, non si consuma in silenzio. Il consumo esige lo sgomitamento, l'accaparramento, il farsi largo, la voce grossa.

Il rumore è l'alleato più fedele del consumatore dipendente, già intontito da una musica stucchevole mentre riempie di schifezze il carrello al supermercato.

I sordomuti, toccati da questa terribile menomazione, sono infinitamente più educati e più civili. Bisognerebbe prendere esempio da loro, dall'uso parsimonioso e prezioso di quel loro linguaggio abituato, per cause di forza maggiore, all'essenzialità.

Ogni anno, quando riaprono le scuole, mi prende un senso di sconforto.

Guardo i bambini che ci vanno: i maschi con le scarpe da tennis tecnologiche, munite di catarifrangenti sulle suole che respirano, le orecchie mostruosamente ingrandite dalle cuffie del walkman, il mazzo di chiavi che pende al lato della tasca dei pantaloni, il diario di Dylan Dog; le femmine quasi tutte in minigonna, con le stesse scarpe da tennis, gli occhiali da sole in cima alla testa, la catenella alla caviglia e il diario di Barbie o delle Spice Girls.

Tutti, maschi e femmine, con lo zaino multicolore sulle spalle, come tante povere piccole tartarughe che si portano dietro il loro guscio, in questo caso inutile. Bambini che entrano in classe alle otto e venti di mattina con ancora negli occhi il videogioco interattivo Horror 2000 manovrato sul PC; bambini rimpinzati di merendine che, se non sono già obesi nel corpo, lo diventano per forza nel cervello: un cervello che non ha mai fame di niente che non sia tutto ciò che si può comprare, che si può possedere per tre minuti, perché dopo quattro è già vecchio e noioso e da buttare. Bambini crudeli che soppesano con sguardo esperto i vestiti dei compagni, la marca del loro orologio e del piumino.

Bambini che già a sei anni conoscono il valore del denaro e cominciano a escogitare modi per accumularlo il più rapidamente possibile e con il minimo di fatica. Bambini che conoscono il nome delle top model e recitano a memoria la formazione della nazionale degli ultimi Mondiali di calcio. Bambini padroni del computer che guardano i genitori con commiserazione e credono ormai soltanto all'autorità del gestore della sala giochi. Cosa vanno a imparare a scuola questi bambini corrotti, voraci, contaminati dal libero mercato di cui si apprestano a essere schiavi devoti? La matematica? L'italiano? La geografia? La storia? Il disegno ornato? L'educazione fisica? La religione? Ci sono siti didattici su Internet che fanno apparire il ruolo del maestro ridicolo, inadeguato, fuori dalla storia.

Tra qualche anno un esercito di scemi dal quoziente di intelligenza tecnologica altissimo seppellirà definitivamente la figura dell'insegnante, insieme a quella degli altri educatori tradizionali: il padre, la madre, il prete. Sarà la vittoria delle multinazionali della multimedialità e dei profitti di Bill Gates. Il tutto, beninteso, contrabbandato in nome del progresso e della modernità.

Un tram o un autobus che riporta a casa i ragazzi da scuola è una scatola compressa di energia. Dopo le ore di immobilità sui banchi, lo spazio angusto del mezzo pubblico scoppia di salute, di brufoli, di vita.

Va tutto bene, fino a diciott'anni. Le pulsioni sono quelle giuste, i gesti, anche se sgraziati, sono perfetti. L'odore e il rumore sono quelli di chi è in piena tempesta ormonale.

Poi, dopo la maturità, qualcosa cambia. L'obiettivo, se si studia, è trovare un lavoro adeguato a ciò che si è studiato. Si mira alle multinazionali. Ci si specializza in quelle discipline che minano l'intelligenza umana: la pubblicità, il marketing, la finanza, la Borsa.

Invece di rimanere onesti dilettanti, si aspira alla divisione del lavoro, alla parcellizzazione, alla competenza territoriale, e i territori delle competenze sono sempre più ristretti. Il massimo è trovare un lavoro che faccia viaggiare. Quasi tutti i veri provinciali si lamentano che il paese, la città in cui vivono gli vanno stretti: loro meriterebbero di più, forse neppure New York soddisferebbe la loro voglia di cosmopolitismo.

La vita che animava gli autobus all'una e trenta del pomeriggio si spegne piano piano in questi ragazzi già vecchi che scelgono di studiare alla Luiss o alla Bocconi.

Si preparano a diventare una classe dirigente con la stessa grisaglia e la stessa cravatta dei loro padri, e, a volte, dei loro nonni. Senza un guizzo di fantasia, senza una sfida creativa, senza voglia di sperimentare. Si avviano, mesti, con la loro cartelletta firmata sotto il braccio, verso la Borsa, la Banca, l'Agenzia. Guardando schifati gli autobus dell'una e trenta pieni di rumori, di odori, di ormoni e di brufoli. Vale la pena di vivere più di diciott'anni?

E qui mi limito a citare, dietro suo consenso, un articolo del professor Geminello Alvi, pubblicato sull'"Espresso" il 10 settembre 1998. Il professor Alvi mi ha autorizzato a riprodurlo integralmente. Il titolo era *Scuola, detenzione nell'ovvio*. "La scuola è un'educazione alla noia impartita con metodo per un decennio da anime urlatrici e frustrate, o da accademici ad altro attenti. Dal pentimento sortisce un giovane esausto, pago di spendere comunque nella vita vera quell'omologazione della cultura e banalità, e ipocrisia, che gli hanno accuratamente impartita. Della scuola gli resterà la memoria dolciastra d'ore grottesche per le sciocchezze sopportate e dette, per le risa soffocate eppure sempre irrefrenabili.

"Perché quel tenere i giovani seduti, a udire chi non ha nulla da dire e dimenticare a memoria libri di testo, è un diminuirli.

"E la diminuzione dell'umano, come ci insegna Aristotele, è l'essenza del genere comico: per questo a scuola si ride ululando, come in una prigione dell'anima. Perché tale è, appunto, la scuola. Un istituto di detenzione nell'ovvietà che civilizza ma appiattendo, e con fini sempre più meschini. Almeno Napoleone impose la scuola di stato per tirarne fuori pratici funzionari e ingegneri, e quindi eserciti in armi, cui donare l'ebbrezza della vittoria o di ritirate grandiose. Ora una rete di computer potrebbe oggi bastare. O si potrebbe, come avviene nei suburbi poveri o ricchi d'America, mettere su charter school, dove ai bambini s'insegna a casa.

"Secondo i dati dell'Education Department, negli USA in un decennio i bambini allevati così sono triplicati, e adesso superano il milione. A significare perlomeno il disdegno universale di cui gode la scuola statale. E si potrebbe tentare molto altro d'estremo ancora. Ma, se si è più moderati, in Italia vi sarebbe un criterio formidabile: fare l'opposto di quanto propone il ministro della Pubblica Istruzione, Luigi Berlinguer. Iroso, con voce strozzata e tondi occhi furbi, è stato l'inventore continuo di rimedi irrimediabili, di fuochi d'artificio sbiaditissimi, e perciò lanciati in aria con la solennità di un Aristotele redivivo.

"Agli studenti, se poi abitano in una città di mare, consiglierei d'andare per sistema sopra un colle da cui si veda il porto e da lì spiare le navi che partono nel grigio, desiderando d'essere su ognuna; e che qualcuno evada. Via dalla noia, per divenire lebbrosi o santi in India o amanti lussuriosi nei bordelli di Cina, o miliardari in America. La vita è grande, terribile, inattesa; soltanto un difetto di fantasia e di coraggio obnubila la sua immensità. Imprigionata nelle vili ansietà, e nelle banalità incolte, che ammorbano chi è restato a scuola. Come istruiscono, invece, quelle mattine d'autunno in cui il sole sorge tardi sul colle ventoso che si sale parlando magari da soli, adolescenti, enfatici, anche incartando la merenda mal incartata. Allora si pensa alle gambe ignude d'una qualche lei; mentre in alto incombono gli urli cattivi di gabbiani, che tuttavia roteano così alti che rimirandoli si pensa a niente."

Scriveva Aldo Palazzeschi nel racconto *Il paradiso terrestre* (1957): "La scuola è fonte principale d'ogni corruzione e malefizio, i giovani v'imparano tutto quello che dovrebbero ignorare e nulla di quanto sarebbe per essi spirituale alimento e morale sostegno.

"In siffatto ambiente – scriveva ancora Palazzeschi – si corrompono l'uno con l'altro, e potete scorgere il sorgere e il delinearsi, il dilagare della malattia giorno per giorno nell'espressione del loro viso come sui frutti di un paniere o le foglie di un vigneto".

Facciamo finta che il contesto di questa frase non sia paradossale (come invece è): c'è o no del vero?

La scuola di oggi ha perso inevitabilmente la sua funzione educatrice: se l'avesse mantenuta il degrado che invade città e campagne sarebbe stato arginato.

Invece avanza. Eppure tutti sono d'accordo che bisogna cominciare proprio da lì, dalla scuola, per creare uomini nuovi.

Puntiamo allora il riflettore su un aspetto marginale (ma mica tanto) della scuola di oggi: i compiti che vengono assegnati a casa.

L'aspetto punitivo che spesso assumono le montagne di esercizi, i capitoli di storia da imparare, la matematica, l'italiano, la geografia ecc., la dice lunga sull'istituzione scuola che non rinuncia a far sentire il proprio vuoto potere.

Nel migliore dei casi i compiti a casa servono a far crescere nei bambini il senso di colpa e di inadempienza. Nel peggiore li spingono al menefreghismo o alla piccola frode.

I compiti a casa, infatti, o si fanno subito per levarsi il pensiero o si lasciano all'ultimo momento per liquidarli, e per prolungare quel senso di colpa che intacca tutta la vacanza e del quale sembra nessuno possa fare a meno.

Gli insegnanti, come i vecchi padroni del periodo pre-industriale, danno il lavoro a casa.

È come se la scuola – luogo di tortura – non rinunciasse a tormentare i ragazzi una volta fuori: è come se li volesse tenere legati a un malinteso senso del dovere.

Una scuola che forma dovrebbe spingere i ragazzi ad approfittare del tempo che passano a casa: per lasciarli imparare a giocare, a conoscere i loro fratelli, a capire come funziona la vita familiare, invece di costringere babbi e mamme su un libro e un quaderno, mettendoli per di più in crisi, per far finire i compiti a forza di scappellotti e di insulti.

Ma una scuola che ancora oggi accetta la ricreazione e le vacanze (e su questi due concetti ha detto tutto, ancora una volta, don Lorenzo Milani) è un'istituzione che ipocritamente ammette la sua doppia faccia e che agita ancora davanti a delle menti limpide e pronte a imparare il più criminale dei principi cosiddetti educativi: quello del bastone e della carota.

Ho parlato in altre occasioni delle maestre che fumano, di quelle che ancora (sì, qualche volta succede) sbattono fuori il bambino che, secondo loro, "disturba", di quelle che hanno preso il diploma perché gli insegnanti lavorano solo mezza giornata. Tra tante maestre ignoranti, capita a volte di imbattersi in qualche maestra timida. Non si potrà elogiare mai abbastanza la timidezza, in questi tempi in cui va invece di moda essere sfrontati, menefreghisti e inutilmente sicuri di sé.

La timidezza la si ritrova ancora in qualche contadino

saggio, colto ed esperto che però ascolta con riverenza il linguaggio forbito di un qualche "dottore"; in certi ragazzi e ragazze adolescenti ai quali la famiglia ha insegnato ad avere rispetto per chi è adulto; nelle persone semplici che hanno a che fare con qualcuno che, per censo o istruzione, viene considerato superiore. La timidezza in questi casi è un segnale sicuro di intelligenza e risalta ancora di più se messa a confronto con la vuotaggine dei titoli onorifici, della supposta superiorità di classe, della spocchia ridicola di tanti poveri ignoranti ringalluzziti che si fanno chiamare "dottori". Sembra impossibile ma ci sono anche maestre timide; maestre che vengono aggredite da madri e padri in tuta e scarpe da ginnastica perché danno troppi compiti a casa ai bambini, che così non possono guardare la televisione o accompagnare il babbo alla partita; maestre costrette a difendersi perché svolgono seriamente il loro lavoro di educatrici che contrasta, evidentemente, con il permissivismo a cui le famiglie abituano i bambini; maestre per lo più silenziose ed educate che credono alla formazione morale e intellettuale dei bambini più che al mito del week-end. Ci sono tuttavia ancora genitori timidi nell'approccio con le maestre. L'incontro fra un genitore timido e una maestra timida finisce per rappresentare l'ultimo residuo di una civiltà di comportamento che siamo ormai abituati a considerare, in quanto manifestazione di rispetto reciproco, cosa d'altri tempi.

Si studia tanto, ci si applica, si ripete la lezione a voce alta. Per cosa? Per prendere sei meno. La strategia della stitichezza impone che i bambini e i ragazzi che vanno a scuola non debbano mai essere gratificati. Sei meno è il voto che, più di ogni altro, fotografa l'avarizia dei maestri e dei professori italiani. Il significato nascosto dietro quel misero numero e quel trattino riduttivo (anche quando è sostituito da un equivalente giudizio) è che si è appena sufficienti agli occhi di chi ha il potere di giudicare.

Anche se ci si è alzati presto la mattina per ripassare, anche se si aspetta l'interrogazione con una paura ingiustificata che, solo per essere stata gratuitamente provocata, dovrebbe essere risarcita con almeno un sette più. Invece no. Sei meno è il voto più distribuito, il giudizio più comune da che la scuola è scuola.

I bambini devono cominciare presto a sentirsi inadempienti e inadeguati perché solo così saranno poi più facilmente ricattabili da un sistema che ha già pronti merendine, televisore, mode e tifo da stadio per annullare eventuali sprazzi di creatività e fantasia.

Un bambino motivato e incoraggiato può diventare un bambino libero e quindi pericoloso. Il sei meno gli suggerisce che si può sempre fare meglio, a scuola e nella vita. La misura dell'impegno non è mai adeguata al bambino e ai suoi sforzi ma al traguardo che il maestro e il professore presuppongono di dovergli indicare.

Il sei meno serve a stimolare la competitività sulla quale si regge il libero mercato e non la società civile come vorrebbero farci credere. In una società civile si incentiva la generosità, non l'avarizia e il risparmio. Il sei meno è lo specchio di chi lo dà: chi lo dà non si concede, quel che sa gli costa fatica trasmetterlo, a scuola si limita a svolgere il programma. Alle mamme che vanno a chiedergli come va il figlio risponde senza arrossire che "potrebbe fare di più", senza essere sfiorato dal dubbio che chi potrebbe fare di più è invece proprio lui. I sei meno fioccano dalle matite blu dei più mediocri fra i maestri, quelli che magari buttano fuori dall'aula chi osa spezzare la noia mortale delle loro lezioncine con una risata, uno scherzo, un guizzo di vita.

I sei meno, i "sufficiente", gli "scarso" e gli altri voti e giudizi stitici del nostro corpo insegnante uccidono nei bambini la voglia di fare, tolgono loro l'energia e la fantasia. Ai genitori come me tolgono la voglia di mandarli a scuola.

Sono per l'abolizione dello stipendio alle maestre. Soltanto chi crede fermamente nell'importanza del lavoro di insegnante, e non chi lo fa perché impegna solo mezza giornata o per arrotondare le entrate del marito, potrà avere accesso alla scuola. Certi quartieri degradati di certe città italiane non sono diversi dai villaggi sperduti dello Zimbabwe, dove volontari missionari (per la maggior parte cattolici) si dedicano all'insegnamento. Occorrono volontari, non sposati, senza impegni familiari, senza gerani da innaffiare a casa, che si dedichino anima e corpo al mestiere più importante e difficile del mondo: quello di aprire la mente dei bambini alla conoscenza, quello di educarli alla civiltà e al rispetto, nella convivenza che parte dal microcosmo della classe, perché il degrado che avanza potrà essere fermato solo dai bambini.

Ma i bambini ci riusciranno solo se avranno avuto dei buoni maestri. Si reclutano volontari per l'esercito: perché non farlo per la scuola? Se il volontariato non sarà praticabile, allora bisogna ricorrere ad altri mezzi. Chi sono i veri maestri di oggi? C'è una categoria che detta legge, ascoltata, guardata, invidiata da tutti quelli che hanno bisogno di modelli cui conformarsi: i presentatori televisivi. Bene: gli stipendi dei maestri dovranno essere livellati a quelli di Raffaella Carrà, di Pippo Baudo, di Fabrizio Frizzi e di Mara Venier.

Maestre e professoresse contese dai provveditorati, equiparati a Mediaset e Rai, come se dovessero alzare l'"audience" presso i ragazzi che hanno il compito di istruire. Misurazioni di "share" nelle classi con conseguente avvertimento a quei professori responsabili di far cadere l'attenzione con programmi noiosi e con spiegazioni soporifere. E annunci sui giornali: "La maestra Montessori lascia la scuola Carducci per l'elementare Pascoli. Ce la siamo accaparrata per quattrocento milioni l'anno, dichiara soddisfatto il preside Rodari".

Che siano finalmente i maestri le vere star del futuro. Che si dia finalmente un taglio agli stipendi scandalosi dei presentatori televisivi. Che si riconosca finalmente il valore dei veri maestri (ma, ripeto: quanti ce ne sono di veramente bravi?).

Da *Pinocchio* in poi, ma forse anche prima del libro di Collodi, andare a scuola era un sacrificio. Ed era ugualmente un sacrificio mandare un figlio a scuola: Geppetto si vendette la giubba per comprare un abbecedario per il burattino di legno. La scuola, ma più ancora l'istruzione, era vista fino a poco tempo fa come un modo di emanciparsi. Per le classi più povere, soprattutto, un figlio a scuola significava più che altro una speranza: un mestiere diverso da quello dell'operaio o del contadino, un avanzamento nella scala sociale. I genitori riponevano nei maestri e nei professori una fiducia illimitata: nelle loro mani consegnavano una forma grezza, il loro figlio, aspettandosi di vedersela tornare indietro modellata. "Lo picchi, signor maestro, lo picchi se non sta attento alla lezione": non era raro sentir dire così da chi ancora nutriva soggezione verso l'autorità del maestro. Si è un po' imbarazzati oggi, quando un figlio chiede perché deve studiare, perché lo si manda a scuola. Alla fine si studia per essere integrati e il figlio del contadino disimpara tutto ciò che suo padre aveva imparato e avrebbe potuto insegnargli. Si studia per appropriarsi di una monocultura che garantirà uno stipendio che, anche se alto, sarà comunque misero. Si studia per un futuro senza luce. Oggi, il degrado che ha intaccato la scuola, al pari di ogni altra forma del vivere civile, impone una riflessione e una proposta provocatoria: bisognerebbe fare sacrifici per insegnare ai nostri figli a fare il contadino, o il falegname, o l'idraulico, o il fornaio. Qualunque sito didattico su Internet ci sbatte in faccia l'inadeguatezza della scuola attuale: dove perfino avere un computer è considerato un lusso. Le forme dell'apprendimento sono mutate, la velocità dei collegamenti rende obsoleto l'insegnamento tradizionale. Per di più, il diploma e la laurea creano disoccupazione, frustrando quindi le attese e le pretese di genitori e studenti. Una scuola che insegni a riappropriarsi dell'uso delle mani, invece che instillare nozioni bruciate dal primo clic sul mouse di un computer aperto sul mondo, sarebbe una scuola altamente educativa. Immaginate un diciottenne che, invece di iscriversi a Scienze politiche, o Lettere, o a Legge, si iscriva a Idraulica o a Falegnameria. Un ragazzo che, invece di frequentare il corso per stilisti al Fashion Institute, si iscriva a Sartoria. Un altro che, invece di diventare Filosofo, diventa Contadino (che è quasi la stessa cosa). E la corsa dei rampolli delle migliori famiglie a frequentare non le lezioni di Eco al Dams ma quelle di un maestro muratore in un cantiere, quelle di un fornaio in panetteria, quelle di un meccanico in officina. La scuola dovrebbe essere un centro di vita e propagare un'energia che è difficile leggere nei volti degli studenti di oggi, nel loro abbigliamento, nelle loro fughe nelle Playstation e nelle sale giochi.

Un minuto è il tempo di silenzio osservato nelle discoteche italiane per ricordare il ragazzo morto di ecstasy. Sette minuti al giorno è il tempo medio del dialogo tra un genitore e un figlio. Due giocattoli sono tutto ciò che un bambino desidera per Natale. Ne riceve invece undici (in media).

Se si parte da una pasticca di ecstasy, da uno spinello, o peggio, da una dose di eroina e cocaina e si torna indietro, all'adolescenza e all'infanzia dei nostri ragazzi, non si può non reprimere un moto di fastidio per l'ipocrisia con cui, oggi, scarichiamo su di loro responsabilità che sono nostre, i nostri sensi di colpa.

Le droghe sono tutto ciò che i nostri figli non hanno avuto da genitori, maestri, professori, preti, educatori. Sono gli spazi vuoti, le ore, le settimane e i mesi di silenzio che nessuno è riuscito a riempire. Non li ha riempiti la famiglia, non li ha riempiti la scuola, non c'è riuscita neppure la sala giochi, o la televisione. Poiché tutto deve essere consumato (anche il tempo in discoteca), i ragazzi di oggi crescono cinici, apatici, annoiati. Facciamo un minuto di silenzio per le Nike? Un minuto di silenzio per il motorino? Un minuto di silenzio per il calcio? Un minuto di silenzio per la televisione? Un minuto di silenzio per le sigarette? Uno per gli alcolici? Uno per le stragi del sabato sera? Quante sono le droghe autorizzate che necessiterebbero di un minuto di silenzio? Di ecstasy è morto un ragazzo solo, in macchina e in motorino sono decine ogni week-end. È meglio, allora, caricare la sveglia invece di osservare il silenzio.

Il ministero dell'Interno si accorge soltanto ora che i ragazzi si impasticcano? Ma le nuove droghe, così chiamate anche se l'ecstasy, per esempio, circolava nelle discoteche di Rimini e Riccione già nel 1986, vengono diffuse secondo precise regole di mercato. Decise, ovviamente, dagli adulti. E queste nuove droghe non hanno neppure bisogno dell'apparato di sostegno che il marketing garantisce a quelle vecchie: il tabacco e i superalcolici, ugualmente spacciati in discoteca, al bar e nei supermercati con tanto di campagne pubblicitarie. Ma oggi fumano e si ubriacano soltanto gli sfigati.

Il proibizionismo rende invece l'ecstasy e la cocaina droghe di moda, moderne, che, proprio perché proibite, tutti vorrebbero. Forse basterebbe passare qualche spot sull'ecstasy a "Carramba che fortuna" e "Buona domenica" per demolirne l'immagine. Forse basterebbe proporne l'assaggio, insieme a una scheggia di parmigiano, vicino alle casse dei supermercati, paghi due prendi tre. Invece del pusher che te la passa clandestinamente e romanticamente in discoteca, la dimostratrice con la messa in piega e il grembiule che, nel dialetto della tua regione, ti chiede: "Vuole provare? Un assaggino? È in offerta speciale!". È sicuro: l'ecstasy non la vorrebbe più nessuno.

MADRI E MAMMI

Ieri mia madre mi ha detto: "Ho avuto un solo uomo, tuo padre". All'improvviso si sono sgretolati anni e anni di liberazione sessuale, di convincimenti libertari, di mentalità radicale. Tutto quel che avevo creduto una conquista civile si è ridimensionato di fronte a quella semplice affermazione: "Ho avuto un solo uomo, tuo padre". Sono stato messo di fronte alla debolezza di ciò che credevo essere la modernità, con la forza di chi afferma un principio antico, senza la consapevolezza di essere, lei sì, la vera rivoluzionaria. Mi sono domandato: sono più avanti io che ho vissuto e teorizzato il rifiuto del matrimonio, l'amore libero e i rapporti aperti o lei che per una vita intera è rimasta fedele a un solo uomo? Senza essere Gesù Cristo mi sono quasi sentito il figlio di Dio e mia madre mi è apparsa come la Madonna: in modo naturale, come se fosse la più ovvia delle cose, lei ha impostato tutta la sua vita su concetti che oggi ci paiono sorpassati, ridicoli: la felicità, l'onestà, il rispetto, l'amore. Mentre penso che non c'è mai stata in lei ombra di rivendicazioni nei confronti del potere maschile mi rendo conto che non esiste nessuno più autonomo di lei. Nessun senso di inferiorità l'ha mai sfiorata, perché le fondamenta della sua indipendenza erano state scavate nei terreni profondi della dirittura morale, della lealtà, della giustizia, dell'onore e non sulla superficie di ciò che si è abituati a considerare politicamente corretto. Il rispetto e la timidezza con cui guardava mio padre e l'educazione che mi ha dato a rispettarlo non avevano niente a che vedere con le rivendicazioni dei piatti da lavare.

Mia madre non si è mai sentita inferiore perché ci serviva in tavola un piatto cucinato per il piacere di accontentarci e di farci piacere; o perché lavava e stirava per farci uscire "sempre in ordine". Sono consapevole che sto esaltando il silenzio e quella che le femministe hanno drasticamente definito sottomissione. Ma non posso fare a meno di interrogarmi sui veri e i falsi traguardi dell'emancipazione, su ciò che appartiene ai convincimenti profondi e su ciò che non è altro che sterile battibecco. Nella ricerca dei valori che dovrebbero educarci a un'etica meno degradata di quella improntata al principio del così fan tutti, mia madre è un esempio di anticonformismo e di liberazione: lei è davvero affrancata dagli stereotipi e dai bisogni indotti della società massificata. Per conquistare obiettivi importanti e sicuramente oggi irrinunciabili siamo stati costretti ad abdicare alla nostra integrità. Noi abbiamo perso la "verginità", non lei.

Il nostro è sempre più un mondo di bambini con due madri: questi papà che allattano, che spingono le carrozzine al parco, che prendono il congedo dall'azienda per paternità, che portano i neonati nel marsupio... Questi papà sempre più simili alle mamme... I bambini il papà non lo vedono quasi più: è sempre fuori per lavoro. Vivono con la mamma e, quando il papà arriva, pieno di rimorsi, il principio di autorità se lo scorda; è tutto un "piri piri", tutto una moina, tutto un regalino. Più che l'istinto maschile, il papà di oggi trasmette al figlio il senso di colpa inconscio per averlo trascurato. La figura paterna, per obbedire ai desideri (forse legittimi) di rivalsa femminile di questi ultimi decenni, si è incredibilmente indebolita. Su questo termine, ovviamente, bisogna intendersi. Lo stereotipo della virilità tutta forza e durezza dell'uomo che non deve chiedere mai è forse addirittura più comico dell'uomo-mammo. Quando dico indebolito penso alla moralità e alla forza di carattere più che alla superficialità dei caratteri secondari maschili alla cow-boy. Ma il fatto è che, mentre la femminilità viene incoraggiata nelle bambine, la mascolinità viene sempre più repressa nei maschi. Una bambina è brava se aiuta nelle faccende di casa e gioca con bambole e biberon. Il bambino che gioca con le armi viene severamente redarguito. Si rimprovera il maschio vivace per la sua esuberanza e si loda la bambina che se ne sta calma e zitta ad ascoltare le chiacchiere degli adulti. In questo scenario, la figura del padre è immersa nella nebbia.

I bambini sono iperprotetti e circondati da una tenerezza affettata, di maniera, uguale nelle madri e nei padri.

Ma tra un padre e una madre dovrebbe esserci una differenza. Le madri hanno il diritto e il dovere di prendersi cura dei figli. Lo dice la natura, che ha stabilito tra madre e figlio un legame fortissimo, dal cordone ombelicale all'allattamento. Il padre dovrebbe avere altre funzioni, diverse dal cambiare il pannolino. Purtroppo si scambia, a volte, la parità tra i sessi con i piatti da lavare. Non dico che l'uguaglianza non passi anche da lì, ma ci sono cose sostanziali e abbagli. L'abbaglio più grande è credere che finalmente donne e uomini sono uguali perché fanno il bagnetto al pupo a turno, un giorno sì e un giorno no. Chi farà da padre a questi bambini? Chi rappresenterà per loro un modello a cui ispirarsi diverso dai modelli oggi vincenti, quello della donna-manager e dell'uomo-mammo? I padri non ci sono più: se ne sono andati di casa o, quando ci rimangono, non fanno più i padri e a volte neppure i mariti.

Tutti questi babbi, papà, paparini che infestano il mondo di oggi; tutti questi uomini chiamati ironicamente mammo; questi maritini solo lavoro e famiglia, sempre alle prese con i pannolini dei mostriciattoli che hanno generato, danno il voltastomaco. La figura del padre, come ogni altra cosa che venga intaccata dalla cosiddetta civiltà dei consumi, è irrimediabilmente degradata, compromessa, falsata. Una cosa era il babbo di Pinocchio, che vendeva la sua casacca per comprargli l'abbecedario; una cosa era Monaldo, il padre di Giacomo Leopardi, che riceveva il figlio una volta al mese in biblioteca; una cosa era don Milani, che trattava i ragazzi senza tante smancerie come fossero suoi figli; una cosa era il padre padrone di Gavino Ledda; tutt'altra cosa sono i padri di oggi, ritagliati come figurine dalla pubblicità che passa la tv. Padri che incominciano la giornata fra biscottini e brioscine, che lavorano senza sudare perché usano il deodorante, che tornano a casa prendendola larga e guidando macchine pulitissime nelle strade deserte della campagna toscana; padri a cui i figli si permettono di infilare un fusillo nella tasca della giacca.

Padri che non sanno cosa rispondere alla domanda dei loro figli "Babbo, che lavoro fai?" perché fanno mestieri finti come il consulente finanziario, l'amministratore delegato, il pubblicitario, l'account, il direttore creativo, l'uo-

mo-prodotto. Padri di cui i figli giustamente si vergognano, invidiando quei pochi che possono ancora dire di avere un babbo muratore, contadino, pompiere, falegname,
maestro. Padri ricattati dalle mogli che esigono la pelliccia, dalle figlie che vogliono il vestito firmato, dai figli che
pretendono il posto in tribuna la domenica allo stadio.
Una donna può fare un figlio ogni nove mesi. Un uomo ne
può fare tanti quanti il suo pene, oggi per di più aiutato dal
Viagra, gli permette di farne. La donna partorisce con dolore, l'uomo produce potenzialmente un figlio per ogni orgasmo. La femmina degli animali, quando è stata feconda-
ta, allontana il maschio che sparisce, non si fa più vedere.
I paparini di oggi, invece, fanno come la pubblicità gli dice
di fare: si affannano a sembrare moderni senza sapere più
cosa sono il rigore, il senso di responsabilità e di protezione, la severità, la dignità.

Sono un padre all'antica e me ne vanto. Preferisco essere considerato "all'antica" piuttosto che passare per "moderno". Chi è un padre all'antica? Un padre all'antica è uno
che ha dei valori e ci crede. Un padre "moderno" è uno che
vuole tutto firmato e, quando lo vedo, io ho subito bisogno
di tirar fuori gli abiti di trent'anni fa.
  Ci sono padri moderni, la domenica in piazza, o seduti
ai tavoli di un McDonald's, accompagnati dai figli, "moderni" anche loro, che mettono paura. Tutti accessoriati
con l'ultimo walkman, l'ultima felpa, le ultime scarpe
sportive tecnologiche, l'agenda elettronica, il portachiavi
catarifrangente, l'orologio subacqueo, l'orecchino, i capelli gialli. È una fauna deprimente.
  Se le bambine già a dieci anni si dipingono le unghie e
si mettono il fondotinta non è solo colpa della televisione
che propone esclusivamente modelli di quel tipo: perfino
le conduttrici (e anche i conduttori) dei telegiornali hanno
le labbra gonfiate dal silicone, l'abbronzatura permanente
e, ovviamente, i capelli tinti. È colpa del fatto che non ci
sono più padri all'antica, non c'è più una figura autorevole
che dica: "No, tu le unghie non te le dipingi". I padri fem-
minilizzati di oggi rifiutano di esercitare la patria potestà.
Sono permissivi, deboli, insicuri. Una volta una ragazza
non doveva rincasare dopo la mezzanotte; oggi, a mezzogiorno si vedono delle povere zombie con gli occhiali da
sole uscire disfatte dai cosiddetti "after hours", le discote-

che che aprono alle sei di mattina. Una volta si fumava di nascosto. Oggi, a tredici anni, sono soprattutto le ragazzine a fumare, battendo i piedi per il freddo, fuori dai portoni delle scuole. Certi suggerimenti che alcuni credono disinibiti o frutto di una liberazione della donna non sono altro che subdole forme di degrado. E i padri hanno una grande responsabilità. Per paura di sembrare all'antica svendono alla modernità più becera l'educazione, la coscienza civica e il rispetto. Il risultato è un mondo invaso da cloni delle Spice Girls e di Ronaldo: bambine con l'ombelico di fuori a dieci anni e ragazzini con la testa rapata come se avessero i pidocchi.

Ecco, questa è la modernità.

È più facile far uscire un bambino dalla mamma che la mamma dal bambino. Per tutta la vita la figura materna resta dentro al bambino che non riesce a liberarsene. Per tutta la vita ci accompagna quel senso di indulgenza, di giustificazione che solo le mamme sanno inculcarci, facendoci sentire i più buoni, i più bravi, i più bei figli del mondo. Per tutta la vita sappiamo che c'è sempre qualcuno a cui si può ricorrere per risolvere i problemi senza impegnarsi in prima persona. È lei che ci stira le camicie, che ci fa trovare il frigo pieno, che ci porta il caffè a letto. La mamma.

Non ho ancora capito se la mamma è un'istituzione utile all'umanità o se è stata inventata dal Padreterno per far guadagnare gli psicoanalisti.

Del resto, il Padreterno ne ha inventata una anche per suo Figlio e, per un figlio speciale, ha voluto una mamma speciale: l'unica mamma vergine della storia.

La mamma è la sola persona sicura della nostra vita. Sicura perché ci è stata data, non perché l'abbiamo scelta. Tutti hanno una mamma, eccetto quei quattro poveretti concepiti in ovuli affittati e nati in provetta. La mamma è paziente per definizione, ci mette infatti nove mesi per fare un bambino (un papà, in quanto uomo, può concepire più di un figlio al giorno). Che essere madre sia il castigo inflitto alle donne per aver consumato delle relazioni sessuali?

Tutti parlano della gioia di essere madre, pochi della fatica, che grava quasi tutta e quasi sempre sulle sue spalle: i padri, si sa, vanno al lavoro e tornano tardi la sera.

Le soddisfazioni riservate alle mamme sono poche: i

mariti dicono che siano meglio delle loro mogli, sicuramente cucinano meglio, sono meno egoiste, sono più generose di affetto e soldi. Inoltre, fortunatamente, il legame di un uomo con la madre esclude il rapporto sessuale. Dalla moglie si può divorziare, dalla mamma no. Di mamma ce n'è una sola, per fortuna.

Il primo bacio che si riceve, il primo seno che si tocca, il primo amore che si sente, la persona ai nostri occhi più grande, più forte e più bella è lei.

Ed ecco che i figli restituiscono alla mamma quello che la mamma dà loro. Comunque, la madre che la sorte ci ha dato dobbiamo tenercela, così com'è. È meglio allora volerle bene. Ciao, mamma. Ti mando un bacio.

"Il mi' bimbo, il mi' citto...": le mamme toscane non sono diverse dalle altre mamme italiane, sempre lì a difendere, a proteggere, a coccolare i loro figlioli. Poi, quando chiedi quanti anni ha "il su' bimbo" rispondono senza neppure arrossire: "cinquanta", "trentadue", "ventotto". Per le mamme i figli non crescono mai. È giusto quindi che restino in casa, attaccati alle loro gonne, per sempre. Una madre che non può lavare le mutande al figlio o scodellargli la pasta fino a quando non ha le tempie grigie si sente defraudata del suo ruolo. Se gli uomini non crescono mai, se vengono su mafiosi, stupratori e delinquenti, se credono che essere serviti e riveriti sia un loro diritto è perché alle loro spalle c'è una mamma apprensiva, pronta a negare l'evidenza pur di tenere la sua creatura nell'ovatta. La retorica nazionale dipinge inoltre la mamma come la più bella e santa tra le donne.

Nessuno, invece, che si preoccupi di chiederle se ha la patente. Ha seguito un corso per diventare mamma? Ha fatto pratica? Ha sostenuto un esame? Si richiedono tutte queste formalità per la cosa più stupida del mondo – guidare una macchina – ma si sorvola sulla preparazione di chi deve assolvere un compito così difficile. Con i padri è meglio glissare: sono irrecuperabili. Ma le mamme dovrebbero essere sottoposte a una selezione durissima. Nascono sempre più bambini brutti e abbruttiti perfino dai nomi che vengono loro imposti alla nascita da sciagurate genitrici e che non sono altro che derivazioni del supermercato generalizzato della televisione che vende tutto: pappe, nomi, Barbie, frasi fatte e "stili di vita". Nell'epoca degli uteri in affitto, della fecondazione artificiale, delle donne che diventano madri a sessant'anni, di tutte quelle invenzioni della moderna "biofollia" che hanno lo scopo di incrementare le nascite in omaggio al consumismo che trasforma perfino i figli in status symbol, la mia proposta è: pillola per tutti, per ritrasformare le mamme in donne, e abolizione immediata della maternità.

Mezzogiorno e mezzo di un giorno qualsiasi, davanti a una scuola. Grandi manovre. Viavai di macchine, tentativi di parcheggio. Le mamme al volante non rinunciano a trasportare i loro figli da soglia a soglia. Anche se abitano a duecento metri, guai a fare due passi a piedi. Già da piccoli questi bambini hanno la pancia di chi non sposta il culo dalla sedia dell'ufficio se non per piazzarlo sul sedile dell'automobile.

Mentre aspettano, queste mamme premurose si mettono in seconda, perfino in terza fila. Un vigile si aggira nei paraggi distratto e comprensivo, perfettamente a suo agio con il suo elmo e la sua bella sigaretta nel caos di utilitarie e grosse cilindrate che circolano lente e a scatti, che innestano retromarce, che, a volte, si tamponano. Arrivano i pullman del comune: scendono gli autisti, anche loro con la sigaretta in bocca, in barba ai "No smoking" ben visibili all'interno. Si mettono a chiacchierare accanto ai tubi di scappamento che ammorbano l'aria con il fumo del gas che brucia, perché un motore diesel non si deve spegnere mai. Tra la nebbia e le zaffate che prendono alla gola sembra di essere dallo sfasciacarrozze, con tutte quelle automobili accatastate una sopra l'altra per cercare di avvicinarsi il più possibile all'entrata della scuola. Dalle finestre chiuse dell'edificio, intanto, vengono urla da mattatoio. I bambini si stanno preparando per uscire. Qualche mamma scende dalla macchina. Subito si formano coalizioni, come in parlamento. Le mamme del Polo tutte da una parte: sempre fresche di parrucchiere, con la pelliccia e le ciabatte d'oro col tacco. Quelle dell'Ulivo, sul mascolino-emancipato, con la camicia a scacchi portata fuori dai pantacollant, dalla parte opposta. Ci sono alcuni babbi – pochi, ma tutti con le Marlboro, il braccialetto d'oro e il telefonino – che sbirciano da sopra il giornale queste pellicce, questi culi fasciati e sfasciati, imbarazzati dalla loro stessa incertezza: sono ipnotizzati dal desiderio o dalla mancanza di esso? A casa, le pentole bollono sul fuoco, pronte per la pasta, e le mamme sono sempre più nervose. Spengono le cicche sporche di rossetto con la punta della scarpa e naturalmente le lasciano a terra, tanto poi qualcuno spazzerà. Finalmente suona la campana. Le porte si aprono e un'orda di bambini si precipita fuori urlando come nelle fotografie dei reportage di guerra, dove c'è sempre un innocente che scappa verso l'obiettivo con la bocca spalancata. I motori delle auto si riaccendono tutti insieme, le portiere sbattono, i clacson incitano le più imbranate a togliersi dai piedi, a sbrigarsi. Il vigile agita le mani poi, all'improvviso, torna il silenzio mentre i gas grigi si dissolvono lentamente nell'aria. Questa scena dura venti minuti, davanti a tutte le scuole d'Italia, dal lunedì al sabato.

LE DONNE PRIGIONIERE

Si rimane stupiti, oggi, a guardare un uomo per strada, o sulla spiaggia, o al lavoro. Sono tutti ingioiellati. Sembrano battone di terza categoria. È stato Gianfranco Fini a lanciare la moda del braccialetto d'oro. Sempre abbronzato e impeccabilmente coiffato, con questo molle braccialetto che gli pende dal polso. L'hanno imitato quasi tutti. Un uomo senza braccialetto è ormai un'eccezione.

Si nota subito chi non ce l'ha. Dal braccialetto alla collana il passo è breve. E infatti bei monili d'oro pesante ornano i colli taurini dei maschi italiani. Chi ha la croce, chi la mediaglietta della prima comunione, chi il corno antiscalogna. Catene, catenine, semplici, a giro doppio, attorcigliate. Ma braccialetto e collana senza orecchino sarebbero come il pane senza companatico.

Così, orecchini d'oro, d'argento, di diamante mandano bagliori dai lobi dei nostri uomini, anche ultracinquantenni. Braccialetto, collana, orecchino: cosa manca? L'anello! La fede non basta, evidentemente.

Un bell'anello, possibilmente al mignolo, completa la parure. Aggiungiamo la moda della coda di cavallo, il borsello, gli occhiali con cordino e monogramma dorato sulle stanghette, i profumi degli stilisti e si completa l'immagine di un uomo al quale quando cammina per strada, non si può fare a meno di fischiare dietro.

Immaginiamolo, quest'uomo, la sera, prima di andare a dormire, mentre si toglie il braccialetto, la collana, l'orecchino, l'anello e si spazzola i capelli davanti allo specchio.

L'uguaglianza tra donne e uomini è già avvenuta: purtroppo non sui temi fondamentali. Uomini e donne sono sempre più uguali su questioni apparentemente trascurabili. Spesso sono le mogli e le fidanzate a regalare gioielli ai loro uomini: loro sono già stufe di tutta questa bigiotteria. Per il compleanno preferiscono un abbonamento allo stadio.

È politicamente scorretto nascere maschio. Il maschio è Caino, un violento che deve redimersi.

Mentre nelle bambine si incoraggia la femminilità, nei maschi le prerogative cosiddette virili vengono annacquate se non proprio represse. La forza fisica, il coraggio, la determinazione non sono più virtù. Non si educa più un maschio a combattere mentre, al contrario, si cerca di salvaguardare nelle bambine le virtù femminili, anche quelle ambigue come la capacità di sedurre e una certa passività. Ma il bambino che cerca la spada o il fucile viene aspramente redarguito.

Di una femminuccia che si mette lo smalto sulle unghie a cinque anni tutt'al più si sorride. Un maschio che non sta mai fermo è la disperazione dei genitori che gli additano come esempio da seguire la sorellina; a scuola i bambini sono incostanti, mentre le femmine sono metodiche e studiose; quando crescono i maschi parlano solo di sport e di sesso, sono sgraziati, goffi e gli puzzano i piedi. Le femmine, invece, sono una specie protetta: se imparano a ricamare o a far da mangiare fin da piccole vengono elogiate. Lo stereotipo in cui vengono rinchiuse dalla nascita è indistruttibile. Lo stereotipo maschile, invece, viene continuamente minato.

Gli esempi da seguire, d'altra parte, lasciano a desiderare. Un bambino, oggi, imita per lo più il padre tifoso di calcio o lo guarda mentre guida la macchina in città. I valori maschili di oggi non sono più la forza, il coraggio, la determinazione e l'onestà: sono piuttosto il cinismo, il menefreghismo, l'arroganza, l'indifferenza. Prevale il mito del furbo, di quello che riesce a metterlo nel culo al prossimo e, su tutti, vince chi fa più soldi durante il minimo di fatica. Non sarebbe meglio allora – se questa è la modernità – tornare a un'educazione all'antica in cui i bistrattati valori virili riacquistino una loro ragion d'essere? Non sarebbe meglio educare un bambino a essere onestamente "maschio" e smettere, se mai, di credere che la femminilità voglia soprattutto dire rossetto e messa in piega?

Forse è giunta l'ora di ristabilire le distanze tra maschi e femmine: negli ultimi anni si è fatta un po' di confusione, un pasticcio che ha generato parecchi falsi miti, dalle donne-manager che fumano rigorosamente in pantaloni, a Gianfranco Fini con il braccialetto d'oro e l'appuntamento fisso dall'estetista per la lampada abbronzante (e per questa ragione, probabilmente, con problemi riguardo ai maestri omosessuali).

Miss Italia, miss sorriso, miss malandrina, miss mutanda, lady bellechiappe, reginetta dell'Acquapark, miss meladai, lady ombrellone, miss tette al vento, miss spiaggia, lady cozza, miss abbronzatura, reginetta della caccia, miss cinghiale ecc. Purtroppo per la maggioranza delle donne, e sempre più anche per certi uomini, è molto più importante essere belli che intelligenti.

Perché farsi condizionare da un giudizio solo in rapporto alla propria bellezza fisica? Perché accettare un simile dominio? In tutte queste esibizioni, queste "bellezze" non danno l'impressione di essere destinate a grandi performance intellettuali, creative o anche soltanto fisiche. Accettando di participare a questi mercati in cui espongono il loro corpo, queste miss scontano semplicemente la sottomissione alla propria bellezza come virtù principale, e al maschio, con tutti i suoi complessi, continuando ad accettare di essergli serenamente e pazientemente succubi.

Sembra che questa bellezza sia un utensile di cui certe donne, in cui predomina una distorta e vetusta percezione della femmina (con buona pace del femminismo storico), hanno ancora bisogno per la sicurezza della loro esistenza. E siccome anche qui la natura ha provveduto con la consueta parsimonia, si tende a premiare le più fortunate indipendentemente dalla quantità e qualità della loro intelligenza. È nella natura delle donne considerare il proprio corpo solo come mezzo per attirare l'attenzione, soprattutto dei maschi? Con questo stratagemma si riduce tutto a civetteria fisica. Molte donne sono imbarazzate nel vedere il loro sesso esibito così, purtroppo però queste manifestazioni attirano un interesse sempre crescente.

La ricerca della bellezza è un istinto connaturato all'essere umano, ma la vera bellezza non deve limitarsi all'aspetto fisico, alla bellezza appartiene anche quel pudore che manca ai concorsi-mercato. Alla fine di ogni estate c'è, ahimé, l'atteso concorso di Miss Italia; con tutte quelle povere ragazze in fila, truccatissime, sui tacchi a spillo, in bikini, tante Barbie bionde come scandinave, perché è così che piacciono a noi italici. E come al mercato delle vacche aspettano il giudizio nazionale che premia, con l'aiuto della tv, colei che è più vicina a quell'ideale di bellezza che si conforma alla volgarità del consumo televisivo; mentre quella tenutaria, quella protettrice, chiamata Madama Televisione, con questo programma batte, come sempre, tutti i record d'ascolto e d'incasso pubblicitario per prodotti di bellezza e cibo per cani e gatti. Purtroppo gli spettatori non sono solamente maschi.

Le ragazzine di oggi vogliono tutte assomigliare a Claudia Schiffer (dico Claudia Schiffer per dire una modella che tutti conoscono).

Vogliono essere magre come lei, vestire come lei, essere bionde come lei, felici come lei. Ma la Claudia Schiffer a cui loro vorrebbero assomigliare non è quella vera.

Quella vera è proprio come loro, come le ragazzine di oggi, senza trucco, con i capelli raccolti in una coda di cavallo, un paio di jeans e lo zainetto in spalla.

Qualche volta è felice, qualche volta è triste.

Quando Claudia Schiffer lavora si trasforma nell'icona a cui le ragazzine vorrebbero assomigliare. Tre ore di seduta al trucco, il parrucchiere, la stilista che la veste, il fotografo che le punta addosso luci e obiettivo.

Claudia Schiffer viene "montata", viene cambiata in ciò che non è.

Per farla diventare invidiabile agli occhi di quelle che nella realtà sono già come lei ma non lo sanno. I miti si costruiscono oggi in sala trucco, sulle pagine delle riviste specializzate e alla televisione. Sono i mezzi di comunicazione che, per ragioni economiche, commerciali e per sfruttamento psicologico, hanno interesse a creare questi "falsi", a cui però tutti vogliono rifarsi.

Sono naturalmente miti-truffa, fabbricati da staff di professionisti per incantare le ragazzine e le mamme più plagiabili, quelle con una personalità più debole, quelle per le quali la vera ragione di vita è cercare di essere ciò che non sono.

Ciò a cui loro aspirano non è la realtà, e questo è il tradimento più odioso a cui si assoggettano senza alcuna consapevolezza di essere raggirate.

Inseguono un'immagine scambiandola per la verità: Claudia Schiffer normale, quella della realtà, quella come loro, a loro non interessa. È il suo travestimento che diventa interessante. Se potessero vedere e toccare con mano l'impalcatura fragile che sorregge il loro "sogno" piangerebbero lacrime amare.

Ma non sarebbe finalmente ora di cominciare a smontare questo mito della bellezza artificiale? Non dovrebbero essere proprio le donne a lavarsi una buona volta il viso e a scendere dai tacchi a spillo?

La bellezza a cui si dovrebbe aspirare, secondo me, è quella che la natura ci ha assegnato, non quella che cerchiamo inutilmente di manipolare a forza di rimmel e di rossetto.

Una volta erano le cameriere a vestirsi come le signore. Oggi fare la cameriera è sicuramente più dignitoso che fare la signora: un certo tipo di signora, naturalmente. Così le cameriere si guardano bene dall'imitare quelle mantenute di lusso, mogli e amanti di grandi manager, di potenti di vario genere che si sono votate alla religione dello shopping.

Donne per lo più bionde o finte bionde che, non avendo niente da fare, vanno dal parrucchiere, dal massaggiatore, dal sarto tutti i giorni. Che si fanno gonfiare tette e labbra col silicone una volta al mese.

In giro si riconoscono subito perché, se portano gli occhiali sono occhiali d'oro, se portano la borsa deve costare più di un milione come segnalano le catenine di Prada e le "c" di Chanel, le scarpe sono di coccodrillo, l'abbronzatura dei Caraibi. Quanti soldi spendono per sembrare bambole impagliate, senza più età né dignità!

Una donna che trascorre il proprio tempo dal chirurgo plastico, dall'estetista o in palestra che educazione darà ai propri figli? Quali saranno le sue opinioni sui problemi del mondo?

La risposta è facile: queste signore scandalose vedono lo scandalo sempre altrove.

E la loro visione del mondo è di un conformismo così tenace da farle sembrare e da farle sentire in regola perfino nei confronti delle ingiustizie che loro stesse contribuiscono a rendere evidenti. Nel medesimo modo in cui si fanno crescere le unghie e se le dipingono di rosso, vanno alle sfilate di beneficenza e si commuovono per i bambini dei paesi lontani.

Quelle più evolute ostentano una modernità nelle opinioni sull'educazione dei figli, o sui loro disastrati matrimoni, sulla televisione o sulla religione da far rabbrividire e da farci aderire incondizionatamente alle più retrograde considerazioni dei preti delle campagne più sperdute d'Italia.

Più queste donne si danno da fare per sembrare belle, più il bello ci appare lontanissimo dalla loro immagine; più si impegnano per dimostrare di essere al passo con i tempi e più rimpiangiamo i tempi andati.

Più parlano, più apprezziamo il silenzio.

C'è chi pensa che le tendenze si vedano solo da osservatori metropolitani: si pensa che quello che accade a Londra o a New York detti legge nel resto del mondo. Io invece, vivendo in campagna, mi rendo sempre più conto che è proprio lì, tra i campi e i vigneti, che si anticipano certi comportamenti che poi, a goccia, ricadranno nelle metropoli. Faccio un esempio: la progressiva mascolinizzazione delle donne, a cui fa da contrappunto la conseguente femminilizzazione degli uomini. Chi frequenta le campagne non ha bisogno di assistere alle sfilate di moda per cogliere il cambiamento in atto. Donne belle, forti, massicce, come un ritratto femminile di Léger o del primo Picasso. Labbra autentiche, non siliconate, mani muscolose, dalle unghie corte, capelli a spazzola con sfumatura alta, pantaloni e scarponi Caterpillar ai piedi, col calzino arrotolato.

Queste donne dal viso franco e aperto, dal sorriso pronto, le vedi la mattina presto accompagnare i figli a scuola, poi sul trattore ad arare i campi e non si fa fatica a immaginarle in cucina a preparare un pranzo semplice e buono, intente a rammendare con abilità le calze dei ragazzi, a buttare un occhio sui compiti di scuola per il giorno dopo, in bicicletta a fare la spesa, alla guida del fuoristrada o della station wagon per tornare in campagna ad allevare le bestie. Sembrano donne mai stanche, resistenti alla fatica e alla malattia, mai un raffreddore, mai un'influenza. Donne fidate a cui daresti le chiavi di casa senza conoscerle. Mogli di uomini che non hanno saputo rifiutare un posto statale e che passano il pomeriggio dal barbiere a parlare di calcio e di fagiani da impallinare. Tutti con il loro braccialetto al polso e la catena d'oro al collo. Uomini fermi a fumare sulla porta di casa, o davanti al televisore, mentre le donne-maschio hanno già rivoltato il mondo da quando si sono alzate alle sei di mattina.

Donne che non conoscono le partite a briscola ai tavoli del bar ma che sanno come si tiene pulito un anziano ammalato, o che allattano con gesto materno, mai frivolo, un neonato. Queste donne sono capaci di neutralizzare con un solo colpo di spugna tutte le donne in carriera che brandiscono rossetto, minigonna e tacchi a spillo come armi; tutte le donne ossigenate che fumano come turche, impegnate in lavori finti dove non si usano le mani e, alla fine, neppure il cervello; tutte le donne che chiedono di entrare nell'esercito, che vogliono fare il soldato, che si travestono da poliziotti, da vigili urbani e da pompieri. Di fronte alla cultura del gesto profondamente femminile, di fronte alla semplicità della donna, le altre donne finiscono con l'appartenere a una triste nomenclatura. Donne sempre stanche. Donne in pelliccia. Donne con la filippina. Donne che vanno in ferie. Donne che si profumano. Donne che odiano cucinare. Donne che parlano la stessa lingua della televisione. Donne secche e aride. Donne prigioniere.

È davvero preoccupante, lo ha riconosciuto anche D'Alema: le donne sono più brave degli uomini negli esami di concorso per diventare poliziotti.

Mi preoccupo anch'io, anzi, comincio a nutrire seri dubbi su di loro. Una volta la guerra, la finanza, l'esercito non erano mestieri da donne. Le donne non speculavano, non erano competitive: venivano chiamate "angeli del focolare" perché consolavano i loro uomini ed educavano i figli. Adesso le donne, come gli extracomunitari, fanno quei lavori che gli uomini italiani non vogliono più fare.

Se ne vedono alla guida delle betoniere della nettezza urbana, agli incroci sotto la pioggia, la neve e il sole a regolare il traffico, sulle moto della polizia. Ne vedremo, pare, moltissime nelle caserme. Mentre da un lato si registra con soddisfazione il peggioramento degli uomini nelle prestazioni "maschie", di pari passo con la femminilizzazione crescente del cosiddetto sesso forte, dall'altro è deludente vedere le donne diventare sempre più aggressive e acquisire quei caratteri propriamente maschili che pensavamo sepolti nelle botteghe dei barbieri.

Care ragazze, siete proprio sicure di voler fare la guerra? Non volete piuttosto trattenere con le antiche armi della seduzione i maschi bellicosi sempre in procinto di partire per un campo di battaglia (l'ufficio, la Borsa, l'autostrada, la guerra)? Siete sicure di voler controllare le patenti e le carte di circolazione degli automobilisti, le valigie alle dogane invece della pagella dei vostri figli? Volete davvero dimostrare di saper fare carriera come un uomo?

Siete certe che la vostra liberazione e la vostra emancipazione passino realmente attraverso queste ghigliottine?

Forse sono un uomo pauroso e all'antica, ma devo essere sincero: mi spaventa questa modernità senza progetto umano che, alla fine, progredisce sulla paura.

Se per essere uguali agli uomini le donne dimenticano di essere fidanzate, mogli, madri; se trascurano l'educazione dei figli, trascurando quindi l'educazione dell'umanità futura, io ho paura. Fare il tenente dell'esercito o la speculatrice di Borsa è meglio che educare (ed educare vuol dire progredire socialmente, proporre dei modelli di civiltà)? Fare il soldato o il poliziotto significa castigare, reprimere, controllare. Chi rimpiazzerà le donne vere, quelle che le femmine non vogliono più essere, che cercano, anzi, in tutti i modi di reprimere dentro di sé?

Essere donna non vuol dire solo essere differente dall'uomo aspirando a essere uguale.

Care donne, gli uomini continuano ad avere bisogno di voi. Ma – lasciatemi essere maschilista in modo antiquato e con un po' di ironia – non in divisa: meglio nude.

Alessandra Mussolini, la deputata di Alleanza nazionale, nipote del Duce e di Sophia Loren, pensa di essere bella. Lo si desume da parecchie sue dichiarazioni, in cui parla di Rosy Bindi come di una "racchia", addirittura di una "ciofeca". Le riportano, un po' impietosamente, i giornali, che si guardano bene dal commentare. Che Rosy Bindi sia brutta e Alessandra Mussolini bella lo pensano ormai solo quelle minoranze di maschi abituati ad andare a travestiti. Solo chi è abituato ai capelli gialli con ricrescita nera, alle labbrone tumefatte dal silicone e impiastricciate di rossetto rosa, ai seni tenuti su dal wonderbra corazzato in alluminio, agli occhi pesanti di rimmel violetto, alle minigonne e agli stivali può pensare che Alessandra Mussolini sia bella. In confronto alla composta dignità e perfino all'autentica bellezza di Rosy Bindi – una bellezza antica, come quelle delle nostre madri e delle nonne che lasciavano trasparire dal volto la calma interiore e l'onestà – la Mussolini sembra un baraccone ambulante, con i piatti, le trombe, il megafono, il naso finto e il "venghino signori, venghino!".

Del resto è talmente vuota la sua idea di politica che può rispecchiarsi soltanto in quella scimmiottatura della Barbie che la Mussolini ha scelto di essere.

Il dramma vero, tuttavia, è che la Mussolini può sentirsi sicura del fatto suo nell'affermare che la Bindi è brutta perché così pensa, probabilmente, la maggioranza degli italiani. L'abbruttimento cui ci condannano Canale 5 e gli show del sabato sera su Rai Uno ci fa vedere ormai lucciole per lanterne. Ci sembrano belle la Parietti, la Marini, Lilli Gruber e la Mussolini e brutte Rosy Bindi, Emma Bonino, Tina Anselmi. Ci sembra brutto e fuori moda un negozio di alimentari con l'insegna "Drogheria" e stupendo un centro commerciale rutilante di luci e scale mobili con l'insegna "Top Shopping". Ci sembra bella e attraente l'aria fritta, e brutta e vecchia la sostanza. A tal punto è arrivato il degrado che una ciofeca come la Mussolini (se lei lo dice della Bindi potrò dirlo io di lei, spero: siamo in democrazia, no?) si permette di dare le pagelle. Non c'è limite al peggio. Meno male che al mondo ci sono ancora signore eleganti come Rosy Bindi e Tina Anselmi che fanno finta di niente, anche un po' aristocraticamente, e lasciano gli italiani peggiori a sghignazzare su chi è brutto con Forattini e i cosiddetti comici del Bagaglino.

Vedo sulla copertina di un settimanale femminile: "Baby-sitter: amica o nemica?".

Rinuncio ad approfondire leggendo l'articolo perché la formulazione del titolo è già di per sé ricca di suggestioni.

Interrogarsi se una baby-sitter sia amica o nemica la dice lunga sulla pressione psicologica cui si sottopone una donna che scelga di lavorare fuori casa. Certo, ci sono i giornali che raccontano di baby-sitter omicide o psicopatiche, ma queste sono eccezioni.

Ciò che accade tutti i giorni, invece, è il conflitto che si instaura tra madri impegnate, costrette a delegare ad altre persone la cura e l'educazione dei propri figli.

La baby-sitter può diventare davvero una nemica: su di

lei si potrebbero scaricare i sensi di colpa e di inadempienza di donne che vorrebbero ma non possono.

In molti casi lo stipendio che queste donne guadagnano basta appena a pagare il salario della ragazza che si occupa del loro bambino. Allora non si può fare a meno di interrogarsi sulla disaffezione al lavoro casalingo, che è stata contrabbandata in questa metà di secolo come la massima conquista dell'emancipazione femminile. Non sembra, invece, questo grande passo in avanti verso il progresso. Oggi le donne che lavorano sono spesso doppiamente sfruttate: in fabbrica o in ufficio e a casa.

Dopo le otto ore regolamentari, pesano su di loro quelle di organizzazione domestica (un lavoro che dovrebbe essere valutato secondo parametri manageriali, visto che comprende progettazione e pianificazione delle risorse oltre che esecuzione pratica dei compiti). Con l'aggravio di perdere gli anni più belli della crescita dei figli e l'handicap psicologico di doverli affidare ad altri. Ma allora: non sarebbe meglio che le donne stessero a casa?

Mi rendo conto che, formulata così, la domanda può apparire provocatoria. Ma la sostanza deve tener conto del patrimonio di risorse che un figlio rappresenta rispetto alla capacità di acquisto di merci varie che un secondo impiego in famiglia può consentire.

Conta di più crescere dei figli equilibrati o avere la possibilità di riempirli di cose, per compensare forse l'equilibrio che non c'è? E sono sicure le donne che lavorano fuori casa di avere lì più possibilità di autoaffermazione personale che non lavorando dentro casa?

Le casalinghe sono oggi considerate sfortunate. Io credo, al contrario, che siano depositarie di una grande fortuna: quella di poter fare uno dei lavori più belli e interessanti.

Un lavoro che nessuna fabbrica e nessun ufficio potranno mai offrire.

BASTA UN POLPASTRELLO

Col polpastrello, una volta, si toccava solo l'ostia e ci si sfioravano la fronte, il petto e le spalle facendosi il segno della croce. Tra il sacro e il profano, il polpastrello serviva anche per le impronte digitali: il suo uso era associato alla chiesa, alla giustizia. Valori veri, importanti.

Col polpastrello, oggi, gli automobilisti si rigirano le caccole fermi davanti al semaforo rosso. E questo rigirarsi tra le dita un escremento, seppur piccolo, è diventato metafora del degrado che ha intaccato perfino (chi lo avrebbe mai detto!) questa morbida derivazione delle dita. Si fa tutto con il polpastrello, oggi. Si spegne la sveglia al mattino, si accende la luce del bagno, si tira lo sciacquone (e il verbo tirare è improprio, perché, per essere precisi, lo sciacquone oggi si preme), si accende il gas per fare il caffè, si apre la porta per uscire, si aziona l'antifurto della macchina per sbloccare le portiere, si accendono la radio e l'impianto hi-fi, si compone un numero di telefono richiamando la memoria, si avvia il computer in ufficio, si manovra il mouse per navigare sullo schermo, si chiama l'ascensore, si azionano i rubinetti del bagno, ci si titilla, ci si schiacciano i brufoli (questo da sempre, a dire il vero), si prelevano i soldi dagli sportelli automatici, si aprono i portoni per entrare (digitando i codici segreti), si paga la spesa al supermercato adoperando il Bancomat, si aprono casseforti, si azionano frullatori e aspirapolvere, si scrive "lavami porco" sui vetri polverosi delle macchine altrui, si alza, si abbassa, si apre, si chiude, si scende, si sale, si aziona, si blocca, si accende, si spegne. La virtualità elettronica è completamente polpastrellata. E la tecnologia, cosa sarebbe la tecnologia senza il polpastrello? Il polpastrello si è enormemente sviluppato, tanto da assumere le sembianze mostruose del dito del mostriciattolo ET quando, guardando il cielo, diceva "Telefono, casa".

Il futuro sarà popolato da uomini che, perdendo progressivamente l'uso delle mani, esibiranno un polpastrello gigante. In televisione ormai quasi tutti mandano baci col polpastrello. Se lo avvicinano alle labbra, quello del dito indice, e soffiano, guardando intensamente la telecamera. Quando la tv si appropria di qualcosa, vuol dire che quel qualcosa sta diventando di massa. Ci baceremo col polpastrello, questo è sicuro.

Non ci si tocca più. Non ci si da più la mano, non si fa più la lotta tra padri e figli, solo l'idea di accarezzare la guancia a qualcuno ci imbarazza.

Non ci si abbraccia, baciarsi è sconveniente, le pacche sulle spalle sono guardate con diffidenza. L'uso delle mani è scoraggiato dalla moderna tecnologia: rubinetti che si azionano con i gomiti o addirittura con una cellula fotoelettrica automatica, asciugatori che si mettono in moto mettendoci sotto una mano, porte che si aprono senza più bisogno di quel gesto semplice che era impugnare una maniglia. La luce si accende sfiorando l'interruttore, una distanza di sicurezza è indispensabile tra capoufficio e segretaria. Non ci si guarda più negli occhi. La polizia di New York consiglia di tenere lo sguardo nel vuoto quando si è seduti uno di fronte all'altro in metropolitana, perché anche un attimo di fissità negli occhi di uno sconosciuto potrebbe scatenare chissà quali reazioni. Non si può neppure fare l'amore se non si è protetti dalla plastica e la paura di rimanere contagiati da virus ci allontana, allontana i nostri corpi. L'intimità che ancora esisteva nell'Italia del dopoguerra si è fatta sempre più rara con il boom economico simboleggiato, non a caso, dal frigorifero. Una patina di gelo è scesa a ricoprire i rapporti umani, che sono diventati ansiogeni, preoccupanti. Capita sempre più di rado, in effetti, di stringere una mano asciutta, calda, schietta. Oggi si stringono mani sudate, fredde, mollicce, incerte, perché si ha paura degli altri e un incontro con un nostro simile ci mette in soggezione, ci provoca angoscia. Si corre perciò a lavarsi le mani, dopo un contatto, azionando il rubinetto con il gomito, tra asciugatori e porte che si mettono in funzione come per miracolo. I nostri corpi nudi ci imbarazzano perché non possono competere con quelli propagandati dal consumo di massa. Si ha paura di mostrarsi spogliati davanti ai nostri figli. Si ha paura di fare il bagno con loro e anticipiamo quel distacco dall'innocenza che invece non dovrebbero perdere mai, nemmeno da uomini fatti.

Si smette di toccarci e si comincia a farsi male: i nostri corpi sono torturati, bucati da anelli, tatuati, siliconati. E il degrado del corpo è un altro inequivocabile sintomo dell'autodistruzione a cui pare votato il genere umano.

Ho notato come tante persone non si piacciano in foto, anzi si detestino, arrivino addirittura a strappare le foto che le ritraggono (soprattutto le donne si comportano così). C'è chi si rifiuta perfino di farsi fotografare perché convinto di venir male, come se quando non si trova davanti a un obiettivo fosse trasparente o invisibile, o comunque diverso da quello che è.

Nessuno viene male in foto, è impossibile, la fotografia documenta semplicemente la realtà che ci circonda; il problema sta nel fatto che pochissime persone si piacciono e quindi si rispettano. In foto si appare esattamente come si è nella realtà. Per piacere, per essere simpatici agli altri bisogna prima di tutto piacersi, bisogna rispettare se stessi per poter rispettare veramente il prossimo ed essere a nostra volta rispettati.

Vorremmo essere diversi da ciò che siamo, forse perché anche moralmente non siamo soddisfatti di noi stessi, del costante compromesso e dell'ipocrisia, del conformismo di cui non riusciamo a liberarci, della cronica mancanza di immaginazione e fantasia che ci soffoca e ci incattivisce. I bambini non hanno questo problema: loro sono sani finché non vengono rovinati dagli adulti, quindi si piacciono, e sono sempre belli in fotografia, non hanno i complessi della mamma che legge troppe riviste di moda con annesse rubriche di bellezza che le suggeriscono cosa fare per essere più figa, rovinando per sempre la sua personalità, e dei papà che, inchiodati davanti alla tv per ore, assimilano e fanno propri tutti gli atteggiamenti dei subumani che la popolano.

Bisogna accettarsi per volersi bene, per piacersi, per rispettarsi. Chi è così è sempre bello e simpatico, come nelle vecchie fotografie di tanti anni fa.

Devo purtroppo dirlo come fotografo: ognuno di noi è

esattamente come appare nelle fotografie della sua carta d'identità, della patente e del passaporto; quindi guardiamole bene e pensiamo seriamente tutto quello che dovremmo fare per migliorarci, per piacerci e per volerci un po' più di bene.

Per favore, non suicidiamoci!

Non c'è niente che ci parli oggi della morte della natura – e per morte della natura intendo l'abdicazione all'inautentico, all'artificiale, al pretestuoso – come il rossetto viola che le donne si passano sulle labbra. Già scegliere di mettersi un rossetto è un brutto segno. E qui, lo so, dovrò combattere contro svariati punti di vista: quello delle donne cosiddette normali, che non vedono cosa ci sia di sbagliato nel mettersi il rossetto; quello delle intellettuali, che vedono nel recupero della femminilità un salto in avanti rispetto al periodo in cui privilegiare l'impegno voleva dire fondamentalmente risparmiare i soldi dell'estetista per la depilazione delle gambe; quello delle femministe, per le quali, rossetto o non rossetto, io sono sempre il solito misogino. Punti di vista rispettabili, ovviamente, ma che non mi impediscono di proseguire in questa requisitoria contro il piccolo stick dall'aria vagamente fallica che deturpa le bocche delle donne quando viene, con pochi giri tra indice e pollice, "scappellato" e passato ripetutamente sul labbro superiore e su quello inferiore, fino a conferire loro una consistenza pastosa, appiccicosa e dolciastra. Ecco, io sono contrario al rossetto.

Cosa significa? Non voglio veder fallire le case produttrici di cosmetici, e non voglio neppure mandare i rossetti al rogo, come accade con i libri in *Fahrenheit 451*. Semplicemente preferisco le donne che non ne fanno uso, che lasciano le loro labbra del colore che la circolazione del sangue concede loro, pallide, rosa o vermiglie. Ma scegliere un rossetto viola o, peggio, nero è un crimine contro la natura che va denunciato. L'altro giorno ho fatto benzina a un distributore gestito da una ragazza: tuta, coda di cavallo, unghie lunghissime ricurve pitturate di rosso fegato, labbra viola. Mi voleva sedurre? Mi voleva spaventare? Mi ha solo fatto sorridere. A chi sceglie di imbrattarsi con questi due colori da funerale vorrei chiedere: "Perché lo fate?". Pensate che quelle due sottili strisce lugubri diano risalto migliore al giallo dei vostri denti o al colore livido della vostra carnagione? Pensate che il rossetto nero arrivi dove neppure l'alito e l'abitudine ce la fanno, a scoraggiare cioè i baci in bocca dei vostri mariti o fidanzati? Pensate di essere più belle? Più moderne? Più sicure di voi? Che messaggio volete affidare alla segreteria telefonica della vostra bocca, che presumibilmente non osa parlare e comunica con la lugubre tintura tutta la vostra disperazione? Se vi tingete labbra, occhi e unghie di viola e di nero dovete aspettarvi, prima o poi, che il vostro fidanzato becchino venga a prendervi con il carro funebre per portarvi a mangiare un semifreddo ai giardini dell'obitorio.

Tanti anni passati a nascondersi, in clandestinità o nei ghetti a loro riservati, e poi, una volta usciti alla luce del sole, perché farlo mascherandosi come se fosse il martedì grasso? Risposta: perché è la giornata dell'orgoglio omosessuale. Domanda: perché si dovrebbe essere fieri di ciò che si è, piuttosto che di ciò che si potrebbe diventare? E ancora: basta comparire in tv e sui giornali per un giorno o un mese per pareggiare i conti con la società che emargina ed esclude? Un ministro che rivela i suoi gusti sessuali è più meritevole rispetto a chi fa il proprio dovere senza dirci con chi va a letto? Se un giorno arrivasse a casa vostra l'idraulico e vi rivelasse di essere gay e di esserne orgoglioso, che relazione ci sarebbe con il tubo del lavandino che deve essere riparato? Come reagireste? Penso che gli battereste una mano sulla spalla, invitandolo ad andare al sodo, cioè a occuparsi del lavandino. E tutta questa smania di integrazione, il giorno della Gay Parade, come si concilia con l'orgoglio di avere discoteche, ristoranti, riviste, spiagge, perfino banche, esclusive e riservate? E tutti quei discorsi che si leggono sulla potenza delle lobby gay? Ci si integra un giorno per corporativizzarsi il resto dell'anno?

I gay vogliono sposarsi tra loro. Che equivoco! Invece di darsi da fare per mettere in luce le aberrazioni di un contratto formale che imprigiona due individui facendo credere loro di essere finalmente liberi di fare sesso con l'approvazione del comune e della chiesa, ecco che, nei reportage da Amsterdam, i gay si presentano a braccetto per dire "sì" davanti al sindaco, con il bouquet in mano.

Già i matrimoni fra uomini e donne sono ridicoli, figurarsi quelli tra due uomini o due donne. Diceva Flaiano: "Il matrimonio e la tv vanno bene in campagna, in città fanno ridere". Ecco invece i gay che vogliono proprio quello: sposarsi e andare in tv il giorno dell'orgoglio. Ma vi siete bevuti il cervello? Volete per forza farci ridere? O forse piangere? Ma davvero pensate che sia una rivoluzione mettersi i tacchi a spillo e sfilare in via della Conciliazione? Sì, forse avete ragione, lo è: per mia zia. Mentre rifletto su questo tema non posso fare a meno di inquadrare il tutto nel degrado che investe la nostra società. Che non è, evidentemente, il degrado morale di cui parla e che interessa a mia zia. È il degrado di una comunità ormai frantumata in migliaia o milioni di corporativismi grandi e piccoli, di microsocietà che si agitano per conquistare il diritto a esistere (ed esistere vuol dire avere un passaggio nei TG e un'opinione, come la mia, come questa, su un giornale). Tutto ormai prende il sapore della rivendicazione sindacale, un sapore stantio di burocrazia che il trucco pesante e le parrucche e le minigonne rendono solo più malinconico.

Beato chi è diverso essendo egli diverso – diceva Sandro Penna –, ma guai a chi è diverso essendo egli comune! Da New York a San Francisco, da Parigi a Berlino non abbiamo visto altro che Gay Parade tutte uguali, senza niente di diverso, tutte tristemente "comuni", tutte modellate sullo stereotipo gay più facile da accettare: quello che presenta gli omosessuali come dei minorati (minoranze o minorati fa lo stesso, non c'è differenza nel lessico crudele, senza sfumature, della gente "normale") da compatire, anzi: da tollerare.

I toscani, i fiorentini, i livornesi, gli aretini, i pisani, i lucchesi – e questa volta mi ci metto anch'io che mi chiamo, per l'appunto, Toscani – sono tutti potenziali Pacciani. Tutti arrapati, maniaci sessuali. Sarà la tradizione del Boccaccio, saranno le novelle del *Decameron*. Sarà il clima, sarà l'arte, saranno i boschi, non so: certo è che, in Toscana, si respira quest'aria di proibito che contagia, che eccita, che ci trasforma tutti in potenziali mostri. Una parola innocua come "coppia" non può essere pronunciata a Firenze e dintorni senza un immediato rimando al doppio senso degli scambisti: e chi si azzarda più, ormai, a proporre una merenda a un amico? Parole dialettali come "piazzola", "viottolo", "puzzola", a forza di sentirle accostare da Pacciani, Vanni e compagnia a termini tecnico-moderni come "vibratore", "inserzione", "lubrificante" hanno assunto un che di osceno.

Il dialetto arcaico contaminato dalla terminologia delle riviste porno ha prodotto la lingua di Pacciani: un "misto", un "tris", un "paglia e fieno", un "cacciucchino" di parole antiche risciacquate nelle edicole notturne vicino alla stazione. Chi sa meglio di Pacciani, che non ha mai letto Freud, quanto sesso e morte siano inseparabili? Lui e i suoi amici avevano già assassinato i viottoli, le piazzole e i boschi nei dintorni di Firenze con quel viavai di Fiat 127, di pile, di fucili da caccia, di capanni da avvistamento, di richiami per tordi. Hanno fatto tanti interventi sul paesaggio che nemmeno Italia Nostra. Grazie a loro, i colli fiorentini che hanno sempre ospitato con discrezione la passione degli amanti, sono diventati set di film a luci rosse e, nel peggiore dei casi, alla Dario Argento. Ma le loro deviazioni sessuali sembrano aspirare alla normalità, circoscritte come sono fra l'orto di casa e il bosco di faggi lì vicino. Pacciani e soci raccontano la loro anormalità in questa lingua-dialetto che li avvicina a noi e allo stesso tempo li allontana senza possibilità di appello nello spazio oscuro delle nostre rimozioni. In fondo, non è un male essere un voyeur. Anche gli Uffizi sono per i guardoni. Ci si dovrebbe chiedere come mai la curiosità di Pacciani e compagni si sia indirizzata verso le coppie. Pacciani ha dimostrato che l'immaginario di un contadino di Mercatale può andare oltre i polli, i conigli e l'erba medica. Non sarebbe di per sé un male. L'ignoranza e le condizioni di degrado in cui alcuni sono costretti a vivere non devono essere considerate attenuanti per comportamenti criminali, ma è certo che mutano la percezione della colpevolezza e dell'innocenza.

NATURA MORTA CON LUCCIOLE

L'ecologia. Ci penso e mi chiedo: vale la pena salvarci? Vale la pena lottare per rispettare un ambiente che, invece, forse aspetta solo il contributo dell'uomo per annientarsi? Se l'intelligenza dell'uomo ha prodotto la tecnologia; se la tecnologia si afferma calpestando la natura; se all'idea di progresso viene per forza associata l'idea della sofisticazione tecnologica, a che serve la raccolta differenziata dei rifiuti? A che serve salvare un albero?

Non converrebbe, invece, cercare di affrettare l'annientamento? È come quando si ha a che fare con un malato terminale. I dosaggi sempre più massicci di medicinali non sono probabilmente altro che un palliativo per la coscienza di chi è sano. Un atto di egoismo per chi resta e vuole allontanare una morte che invece il malato desidera e invoca.

Che la natura abbia fretta di disgregarsi per lasciare all'uomo la gestione di un paesaggio desertico, da riempire con gli ultimi ritrovati della scienza e della tecnica? Che sia questo il desiderio che muove le foglie ancora verdi, il grano, gli ulivi, i fiori? Percorro spesso l'autostrada Bologna-Padova: verso Mogliano Veneto, tra le due corsie, resiste un pino. È sempre mosso dal vento artificiale delle auto e degli autotreni che gli sfrecciano accanto. È probabilmente asfissiato dai gas di scarico che gli hanno affumicato il tronco. Quel pino ha assunto quasi un'espressione umana. La sua chioma è come un volto sul quale si leggono sofferenza e sfida. Quel pino è lì perché qualcuno ce lo ha piantato. Ed è ancora lì, penso, perché qualcuno ce lo ha lasciato. Da questa immagine senza risposta, non riesco a separarmi. Ve la consegno così, senza aggiungere altro.

La natura non ha affatto bisogno del nostro aiuto, anzi, siamo noi che abbiamo bisogno di essere protetti da essa.

Nessuno crede che le azioni nocive della natura si prefiggano fini buoni, fuorché quello di incitare gli esseri umani a insorgere e contrastarle. Quindi tutto ciò che noi, poveri uomini, facciamo per incatenare le forze naturali, per limitare l'azione devastatrice delle catastrofi – dalle inondazioni ai terremoti – bonificando e arginando, finanziando la ricerca per trovare le cure contro ogni possibile male – dal mal di denti, al cancro o all'AIDS – dovrebbe essere considerata un'azione contro la natura.

Questa è una battaglia vecchia quanto l'uomo.

Nella dinamica della natura, sia il male sia il bene tendono spontaneamente a dare frutti, ciascuno della propria specie. Il bene produce bene e il male produce male. Questa è una delle regole della natura, nonché una delle manifestazioni della sua ingiustizia: "A colui che ha sarà dato; ma a colui che non ha sarà tolto anche quello che ha". Raramente il risultato contraddice la tendenza predominante.

La tendenza predominante del bene è verso un maggior bene. La salute, la forza, la ricchezza, la bellezza, la conoscenza, la virtù, il talento, non sono soltanto dei beni di per sé, ma facilitano e promuovono l'acquisizione di altri beni, sia della stessa sia di altra specie.

La persona che impara facilmente è quella che sa già molto; è la persona robusta e non malaticcia quella che può fare tutto quello che porta più salute, come il correre, fare sforzi ed esercizi; coloro che trovano facile guadagnare ricchezze non sono i poveri, bensì i ricchi; mentre salute, forza, conoscenza e talento costituiscono tutti degli utili mezzi per guadagnare ricchezze, e le ricchezze sono spesso un mezzo indispensabile per acquisire tali qualità.

Dall'altra parte, il male rende il corpo malato più suscettibile ad altre malattie, la povertà è spesso causa di molti mali, la cattiva azione conduce a un'altra, le cattive qualità vengono rafforzate dall'abitudine e ogni vizio e malvagità tendono a diffondersi e rafforzarsi. Anche facendo appello alle più meschine teorie del bene che siano mai state escogitate dal fanatismo religioso sulla creazione divina, anche con tutta la buona volontà, non si può far rassomigliare il governo della natura all'opera di un Essere che sia al tempo stesso buono e onnipotente.

Anzi, pare che questo Creatore abbia impiegato e impieghi tuttora la totalità del suo tempo e potere per rendere il mondo il meno perfetto possibile. Tutto ciò equivale ad ammettere che l'ordine delle cose della vita presente è molto spesso un esempio non di giustizia ma di estrema ingiustizia.

Quindi se la natura e l'uomo sono entrambi opera di un Essere perfettamente buono e infallibile, paradossalmente questo Essere ha inteso la natura come una creazione da correggere costantemente, non come una creazione da imitare da parte dell'uomo.

Per questa ragione dobbiamo stare in guardia con la natura: il problema non è proteggerla ma cercare con tutte le nostre forze di proteggerci da essa e il modo migliore per farlo è rispettarla, perché altrimenti prima o poi si vendicherà.

Nel comune di Casale Marittimo un contadino ha tagliato due filari di settanta cipressi che delimitavano il bordo della strada. Tutto questo con l'approvazione dell'ufficio tecnico del comune.

Ha giustificato questo atto gravissimo dicendo che gli alberi si trovavano sul suo terreno. Di fronte a questo scempio considerato da tutti riprovevole ha poi cercato di minimizzare le sue responsabilità adducendo la scusa che i cipressi erano malati. Gli alberi impiegano secoli a crescere e sono un bene comune. Ma non c'è contravvenzione o pena pecuniaria per chi decide di ucciderli.

Nella zona di Bolgheri, abitata, come si sa, da molti ricchi o da molti che si credono ricchi, va prendendo piede una nuova moda. Si vendono ulivi. Si spiantano, completi di radici, e si caricano su camion e furgoni targati Padova, Verona, Treviso. I poveri ricchi di Bolgheri fanno miseri affari con i veri nuovi ricchi del Nordest. Le famiglie nobili non fanno altro che vendere. Vendono tutto: è la sola attività che sia loro consentita. Per mantenere il loro status non possono far altro che disfarsi di tutto quel che hanno accumulato nei secoli. È un destino ben triste ridursi a far commercio di ulivi. Ulivi che andranno ad abbellire, si fa per dire, i giardini delle villette progettate dai geometri, insieme a Biancaneve e ai sette nani. C'è un'arroganza che appartiene, evidentemente, a tutte le classi, ai borghesi come ai contadini. Ognuno pensa che i "prodotti" della natura, per la loro riproducibilità, possano impunemente essere scempiati, violentati e venduti. Ci si sente rapidamente padroni di un terreno o di un albero e si smette di rispettarli con la stessa velocità con cui si intravede dietro la loro morte un affare che può farci guadagnare poche carte da diecimila. Il paesaggio delle nostre campagne è così in balìa del cattivo gusto e della smaniosa ostentazione della ricchezza. Non ci sono tutela né controllo da parte delle autorità. C'è solo il libero arbitrio di chi decide, per conto suo, perché così gli gira, di abbattere un filare di cipressi o di sbarbare un ulivo per venderlo.

Gli ulivi sono persone. Non ce n'è uno uguale all'altro sulle morbide colline dove crescono, tra l'argento cangiante o il verde scuro delle foglie mosse dal vento. Per chi vive in Toscana gli ulivi sono una presenza familiare: sono come un gruppo di vecchi saggi, commoventi. E se mi soffermo, a volte, a guardare i contadini anziani, seduti nell'aia, non posso fare a meno di ritrovare nei loro fisici curvi, nelle giunture nodose delle mani che hanno molto lavorato, nelle rughe dei volti e perfino nel bianco argenteo dei capelli le venature, le rugosità, le forme asimmetriche ma perfette di quest'albero bello e prezioso. I vecchi contadini e gli ulivi si somigliano anche perché sono parte della natura. Sono compresi nel ciclo delle stagioni: loro seminano e gli alberi e i campi danno frutti. Potrebbe essere un'immagine retorica e invece è un'immagine vera. Niente avvicina la solitudine vuota di un pensionato su una panchina in un giardinetto di città alla solitudine del contadino anziano, che continua, anche a riposo, a misurare il pieno di ciò che lo circonda: non condomini, con i televisori accesi ma campi, vigne, orti.

E se l'orizzonte dell'anziano di città è delimitato dal profilo basso e sgargiante dell'ipermercato, lo sguardo del vecchio di campagna non vede che ulivi, vigne e cipressi. È un ricatto anche questo: la natura così bella della Toscana ci soggioga. Per questo fanno male i tralicci, le discoteche che si spingono nei campi per la comodità del parcheggio e per un paradossale rispetto della quiete dei centri abitati, le villette a schiera.

La tragicità degli ulivi, con i loro tronchi contorti, le loro ferite, i loro nodi. Una tragicità piena di significato. La tragicità del degrado ambientale che incombe non significa nulla se non la solita corsa al consumo e allo spreco. Gli ulivi sono immortali, sono gli unici esseri teoricamente eterni. E anche l'olio che viene estratto dalle olive è simbolo di immortalità. L'umanità degli ulivi, il loro essere semplici, belli e utili è una lezione quotidiana: bisognerebbe sforzarsi di impararla, studiando gli ulivi, facendoli disegnare sul quaderno di scuola ai nostri figli, portando intere classi delle elementari in visita guidata a un uliveto e a un frantoio in novembre. E quel gesto naturale di affettare il pane e ungerlo con quell'olio ricco e saporito dovrebbe, ogni volta che lo compriamo, avere la sacralità e il dono della consapevolezza.

"I cipressi che a Bolgheri alti e schietti van da San Guido in duplice filar..." *Davanti San Guido*. Davanti a quel viale che è l'immagine della quiete e della bellezza. Davanti a un paesaggio che la natura ha organizzato e che la mano dell'uomo, quando non era ancora la mano *devastatrice* dell'uomo, ha rispettato.

Sono qui, davanti San Guido, con un rotolo di carta in mano. È il progetto per trasformare il tratto dell'Aurelia che fiancheggia San Guido in un'area protetta, un parco da valorizzare per far rivivere una strada oggi declassata da statale numero uno a provinciale. Apro il rotolo, lo distendo e lo tengo ben aperto. Vedo il verde, i campi intorno all'ingresso spettacolare del viale dei cipressi e leggo: "park", "sculture", "biciclette e carrozze", "pista ciclabile", "WC", "punti vendita". Mi si stringe il cuore. Mi viene il magone, mentre una sensazione di pericolo mi invade. Quel terreno che ora risponde solo al fischio del vento, quando muove i cespugli, l'erba e le foglie, sarà tra poco un campo travestito, la scimmiottatura di una periferia, un luna park, e dovrà sopportare l'estremo affronto delle carrozze che andranno avanti e indietro alla ricerca di un tempo che non c'è più. C'è tutto, in questo rotolo che somiglia all'annuncio di una condanna a morte: la retorica moderna della pista ciclabile (ma ora è tutta pista ciclabile, paradossalmente lo spazio ciclabile si sarà costretti a ritagliarlo perché il resto sarà invaso); i WC, quegli avamposti perduti del vivere civile che marciscono ai margini delle autostrade, depredati dei sanitari, con le piastrelle scheggiate e inutilizzabili soprattutto da chi avrebbe urgenza di pregare la decenza; i punti vendita, indispensabili per produrre spazzatura, lattine, cicche, plastica: tutto ciò che è difficile smaltire e che, invece di cercare di ridurre, si riproduce per puro amore del profitto; le sculture, alibi bugiardo di una cultura sicuramente degradata, e non può essere che così se chi ha immaginato questo scempio ha inserito nel programma perfino le carrozze. Questo richiamo "in stile", che ricorda il cattivo gusto dei tinelli finto-gotici dei mobilieri a buon mercato, è l'offesa estrema a un paesaggio che chiederebbe solo di essere ripulito e lasciato in pace.

Non si esorcizza il degrado di una malintesa modernità facendo circolare sulla strada reperti sedicenti antichi e cavalli con pennacchio. San Guido è già moderno nel suo essere antico. San Guido non ha bisogno di nulla. Non ha bisogno di folla in tuta da ginnastica, non ha bisogno di roulotte che vendono porchetta, non ha bisogno di rumore, non ha bisogno di rifiuti da rimuovere. Ha bisogno di amore e di cura, di alberi potati e di terreni arati, di cigli della strada ripuliti e di educazione civica al rispetto invece che di coazione al consumo. Il mio è un appello disperato: a Nicolò Incisa, alla marchesa Clarice della Rocchetta, all'architetto Giuseppe Navacchi, al presidente della Provincia, al sindaco di Castagneto, al presidente della Repubblica. Fermatevi, per l'amor di Dio. Lasciate le sculture, le carrozze, i wc e i punti vendita a chi ormai li ha e non sa come disfarsene. Rispettate San Guido.

Nessuno difende i topi. Avete mai visto Brigitte Bardot incatenarsi per difendere la sopravvivenza dei topi? O Marina Ripa di Meana presentarsi nuda alla prima della Scala per protestare contro lo sterminio del ratto e della pantegana? Avete mai incontrato un animalista che vi abbia confessato di essere preoccupato per il topo e per il suo ecosistema? C'è la Lega italiana per la protezione degli uccelli, ci sono quelli che fanno lo sciopero della fame contro il massacro dei visoni, delle foche bianche e del panda rosso. Animali che pochi di noi hanno visto e solo su "National Geographic" o nelle trasmissioni di Celli e Angela. Il topo, invece, lo conosciamo tutti. Talmente bene che, appena ne vediamo uno, tentiamo subito di farlo fuori a colpi di scopa. Oppure con le trappole. O con veleni sempre più sofisticati. Si dirà che il topo non è in via di estinzione come le volpi bianche. Lasciate passare qualche anno e ne riparleremo. Nessuno vuole i topi, nessuno prova simpatia per loro, neppure quelle generazioni che hanno combattuto la Seconda guerra mondiale e che si sono salvate dalla fame arrostendone qualcuno insaporito con un po' di salvia. Il topo, al contrario del panda che suscita il nostro affetto e quello dei bambini, richiama alla mente troppe disgrazie, guerre, pestilenze, per poter essere, non dico amato, ma almeno tollerato. L'uomo è un vero razzista con gli animali. Il topo non è chic come il delfino, che si può anche stampare su una maglietta per farlo vedere a tutti, quanto si è ecologisti. Una volta un animalista convinto mi scrisse tutta la sua compassione verso un gatto a cui un ragazzo aveva incendiato la coda. Nemmeno una parola di pietà o di curiosità per quel ragazzo: sapere chi fosse, perché fosse così perverso da arrivare a dar fuoco alle code dei gatti. Forse aveva più bisogno di cure lui che il povero felino bruciacchiato. Certi animalisti sono così: amano troppo gli animali e perdono di vista il mondo che li circonda. È la sindrome di Marina Ripa di Meana: la sua vita borghese le fa talmente schifo che, invece di chiudersi in casa o in convento, scende in piazza nuda contro chi compra pellicce di visone. Sono parecchi ad avere questa confusione in testa, che li porta a mischiare il loro vissuto con le battaglie che intraprendono per sentirsi migliori. Chissà se gli animali hanno davvero bisogno di loro, come loro hanno bisogno degli animali. Di certi animali, ovviamente, non di tutti. Il topo, per esempio, e scusate se mi ripeto, fosse per loro potrebbe morire di cancro al fegato e ne sarebbero solo contenti. Fosse per gli animalisti il mondo sarebbe pieno di volpi bianche, delfini, panda e colibrì. Topi, serpenti e rospi? Al rogo. Se fossi un animale diffiderei degli animalisti fanatici.

A Casale Marittimo ci sono ancora le lucciole. A Casale, guardare il cielo di maggio si può ancora: la notte c'è buio abbastanza, non c'è quel chiarore arancione che annulla il cielo in città, non ci sono i laser potenti che attirano il popolo delle discoteche e scandagliano l'oscurità come fari di un campo di concentramento. Se ci si sdraia su un prato, di notte, a Casale, si possono vedere le lucciole e le stelle.

Circa venticinque anni fa Pier Paolo Pasolini scrisse sul "Corriere della Sera" un articolo, poi divenuto famoso, sulla scomparsa delle lucciole. Si servì delle lucciole per analizzare il regime democristiano, per accusare gli uomini di potere di allora di non essersi accorti che le lucciole non c'erano più.

Gli insetti che accendono di mille puntini luminosi le sere d'estate erano scomparsi con il boom economico degli anni sessanta, per via dell'inquinamento, dei pesticidi e delle acque schiumose dei fiumi. Con loro, se n'era andata una certa Italia, arcaica, agricola, preindustriale. I democristiani, sosteneva Pasolini, non se n'erano accorti. Continuavano a credere di poter contare sul Vaticano senza rendersi conto che il potere che essi stessi continuavano a gestire non sapeva più che farsene del Vaticano quale centro di vita contadina, retrograda, povera. E la famiglia non era più quella in cui la Dc credeva e che continuava a propagandare. I consumi di massa la stavano stravolgendo. Scricchiolava il potere della Dc dalle sue basi, mentre si spegnevano le lucciole, ma nessuno se ne rendeva conto, tantomeno i democristiani, le prime vittime della crisi.

Oggi le lucciole ricompaiono perché l'Italia, facendo finta di essere un paese progredito, ha imparato a imitare i paesi civili, molto attenti all'ecologia e alla salvaguardia dell'ambiente. Mi verrebbe da dire: più che altro per non sfigurare, perché di inquinare, a noi italiani, diciamolo, non ce n'è mai importato un fico secco. Ma le lucciole, fortunatamente, hanno ricominciato a riaccendersi: un mio amico le ha viste nel Mugello, un altro all'Impruneta, un altro a Calci, vicino a Pisa.

Con la stessa ottusa ignoranza, i detentori del potere di oggi pare non si siano accorti che le lucciole si sono riaccese. Eppure la notizia si è sparsa: ma nessuno l'ha presa sul serio, nessuno è corso a proteggere questi animali che Pasolini definiva "un ricordo, abbastanza straziante, del passato". Nessuno ha pensato a ripopolare l'Italia di lucciole, a mantenere puliti i fiumi e i prati, a ripensare la politica e il potere lavandoli, purificandoli dalle incrostature della corruzione, dell'interesse privato in nome dell'interesse del popolo, del benessere sbandierato come accumulo di merci sempre più inutili. Nell'Italia del Duemila ricompaiono le lucciole: riuscirà questa apparizione a comunicare al Potere con la "p" maiuscola che ci sono sempre più uomini comuni interessati a una vita semplice, al rispetto, all'onestà e a guardare il cielo di notte?

ELOGIO DELLA RUSPA

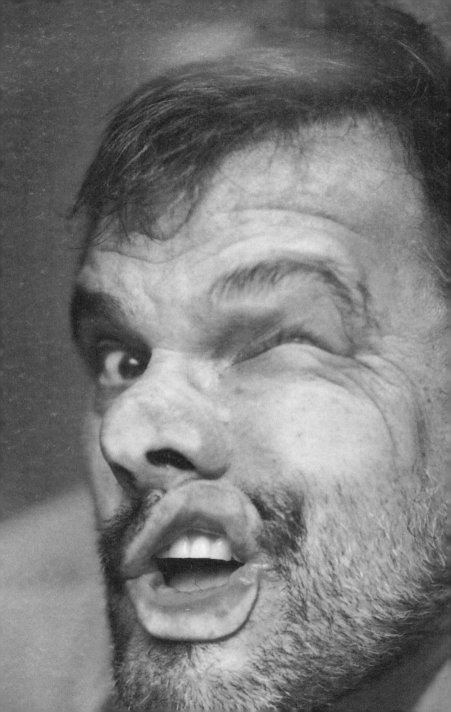

La forma di degrado più visibile nel paesaggio contemporaneo è rappresentata dalle case. Che non sono più case nel vero senso della parola: sono villette o condomìni. L'occhio è colpito prima di tutto dai tetti. Nelle vecchie case i tetti formano un angolo perfetto di centoventi gradi rispetto alla facciata; nelle villette e nei condomìni i tetti sono sempre sfalsati, un piccolo muro produce quell'effetto Picasso, asimmetrico, che in realtà non serve a niente. Rende soltanto le case più brutte. Quando serve è perché ha preso piede, tra gli arricchiti, la mania della mansarda. La mansarda, insieme alla taverna, è il delitto più atroce premeditato dagli architetti e dai geometri di oggi. Non c'è casa costruita negli ultimi dieci anni che non ce le abbia. E se la mansarda deve avere rigorosamente le travi a vista, la taverna sarà in mattoni rossi o in pietra serena. Nella taverna non mancherà il camino, nella mansarda le finestre saranno a tetto. Se la civiltà vuole che la famiglia si riunisca per il pranzo e la cena attorno al tavolo della cucina o della sala da pranzo, il degrado fa scendere tutti in taverna per arrostire salsicce, hamburger alla piastra, pannocchie di granoturco e tutto quanto fa America. Se si esce in giardino, del resto, è il barbecue il nuovo monumento alla modernità.

Ce n'è per tutti i gusti: dalla graticola al forno crematorio, e fanno bella mostra di sé accanto alle fontane. A forza di insistere su Biancaneve e i sette nani, anche i nuovi ricchi stanno capendo che metterli in giardino è kitsch; così ora è il momento della fontana. Rinascimentale, gotica o stile Las Vegas con spruzzi d'acqua che cambiano colore, la fontana non può mancare nel giardino delle villette. E va posizionata proprio davanti al patio, quella loggetta con archi senza la quale l'architetto o il geometra di oggi sembrano orfani e che pertanto non dimenticano mai di progettare, proprio come la scala esterna.

Siamo arrivati al cancello o al videocitofono. Il cancello è un vero e proprio status symbol. Se ne vedono di meravigliosi, pieni di riccioli in ferro battuto, senza niente intorno. Non un muro, né uno steccato. Solo il cancello. Proprio come nella pubblicità dove il cancello si apre, naturalmente telecomandato, nel bel mezzo del deserto e c'è un leone sdraiato davanti a difendere il concetto sempre più aleatorio di proprietà. I videocitofoni sono ormai schermi da cinemascope, con audio in dolby stereo che fa rimbombare il "chi è?" in un raggio di almeno dieci chilometri. Davanti alla porta d'ingresso, inevitabile, lo zerbino con la scritta Welcome. Spesso c'è una campanella in ferro battuto che nessuno usa mai, preferendo pigiare il campanello elettrico che annuncia la visita al suono computerizzato di *Per Elisa* di Beethoven.

La seconda casa è il sogno nel cassetto di coloro che soffrono abitando nella prima.

Le case in cui si abita non rispondono più, ormai da tempo, ai bisogni umani. Sono costruite per soddisfare appaltatori, costruttori, amministratori. Tirate su con il criterio della minima spesa e del massimo profitto, si presentano come manufatti di serie, una catena di montaggio industriale che fornisce citofoni, pavimenti, carte da parati, sanitari, caminetti come elementi di un insieme che si ripete identico, quasi una clonazione.

Le spine dei telefoni e gli attacchi delle antenne, essendo piazzati nei soliti posti, costringono le famiglie, nei moderni condomini, a percorsi obbligati.

Negli spazi ridotti tutti fanno le stesse cose, compiono quasi gli stessi gesti: il potere invasivo dell'architettura è forse più preoccupante dell'assuefazione da televisione. Abitare è una regola imposta dal mercato più che un'espressione della libertà umana. Si capisce perché nasca, in ognuno di noi, il desiderio della seconda casa. A dire il vero anche questo è un desiderio indotto, come qualsiasi bisogno che la società dei consumi ci fa credere primario. Nella seconda casa si riversano tutte le aspettative che nella prima sono state disattese. Così, spesso, le seconde case diventano un ricettacolo delle ambizioni frustrate dei membri della famiglia. La moglie avrà finalmente una stanza-armadio, il marito si concentrerà su uno spazio attrezzato per il bricolage, il figlio punterà al luogo tecnologico per poter finalmente ascoltare i CD a tutto volume, tutti vorranno la taverna per arrostire salsicce quando vengono ospiti. E si scatena la fantasia: via al ferro battuto, nei cancelletti, nella campanella alla porta d'ingresso, nelle grate alle finestre. E vai con la fontanella nel giardino, le rifiniture in marmo, l'illuminazione a globi di vetro ad altezza di cane che fa pipì.

Le seconde case inquinano il paesaggio più delle prime poiché, generalmente, sono costruite in campagna, in montagna, al mare. Ci sembra di essere diventati ricchi con la seconda casa. Ci si impoverisce, al contrario, sempre più poiché, come al solito, si procede per accumulo invece di privilegiare la qualità.

Curare la prima casa, curare gli affetti e la civile armonia delle persone che vi coabitano: questo dovrebbe essere il primo importante compito. Purtroppo non si vede l'ora di fuggire da un posto per andare in un altro. In questa nevrosi da movimento restano i danni e le colate di cemento a forma di villetta disseminati qua e là, in tutta la nostra povera penisola.

Le case che le ruspe non abbattono, disgraziatamente, crollano da sole.

Il 19 novembre del '99, in coincidenza con l'amnistia generalizzata agli Andreotti e ai Craxi e alla riabilitazione dei regimi più dannosi della storia del paese, a Foggia i pilastri di cemento di un intero palazzo di sei piani hanno ceduto, e il condominio si è sbriciolato in diciannove secondi.

Tra i sessantasei morti, c'erano famiglie che avevano acceso un mutuo per pagarsi la bara di calcinacci nella quale erano destinati a essere sepolti.

Si legge sui giornali: "...lo scadente materiale da costruzione ha fatto il resto".

L'Italia prima di Tangentopoli, l'Italia dello strapotere democristiano del primo dopoguerra, del boom economico e degli anni a seguire ha costruito casse da morto chiamate case, mulattiere d'asfalto chiamate autostrade, serbatoi più fragili di uno sciacquone chiamati dighe, verghe appoggiate su una massicciata chiamate ferrovie.

Nemmeno le tribune degli stadi, i ponti, le stazioni sono rimasti immuni dalla speculazione: vittime di altrettanti crolli con morti vari. Oggi calcolano al computer il peso del palazzo disintegratosi a Foggia.

Bella soddisfazione. È sempre l'Italia che ammicca alla modernità, che si riempie la bocca di tecnologia e che lascia impresse negli occhi immagini di edilizia da paese del terzo mondo. Scheletri di alberghi e di villette, bruciacchiati, corrosi, con le giunture di acciaio arrugginite lasciati marcire ai bordi di strade e autostrade. Altro che computer.

Le mazzette sono antiche come i lavori impropri e i calcoli sbagliati che provocano il cedimento della staticità e radono al suolo interi paesi quando le dighe si rompono, sterminano famiglie quando i condomini sprofondano, uccidono giovani quando le tribune degli stadi si afflosciano. Quanti sono i lavori, pubblici e privati, a rischio?

Il palazzo di Foggia si è disintegrato dopo trent'anni. Ma il senso di incertezza, la sfiducia verso uno stato che dovrebbe proteggere, prevenire, dare sicurezza ai cittadini, la rassegnazione durano da una vita. Non resta che accelerare il lavoro delle ruspe, fare piazza pulita delle raccapriccianti periferie che non hanno uguali in nessun paese europeo.

Ora ci sono anche valide scuse: meglio abbattere i palazzi costruiti durante il boom del cemento prima che crollino da soli, di notte, mentre la gente dorme.

Ho fatto un sogno. Ho sognato che un giorno, dalle parti della California (ebbene sì, la località si chiama proprio così, La California), verso Bibbona, atterrava un disco volante con una delegazione di marziani. Subito venivano ricevuti dai sindaci dei comuni del comprensorio, desiderosi di instaurare rapporti di amicizia che, in futuro, chissà, avrebbero potuto trasformarsi in relazioni commerciali.

I marziani erano molto interessati alla vita sulla Terra e facevano un sacco di domande. Naturalmente avevano una macchina fotografica e, quando il sindaco di Cecina ha regalato loro il volume illustrato *Le bellezze della Toscana*, i marziani hanno espresso il desiderio di vederle dal vivo.

È iniziato così un giro turistico che comprendeva la visita delle torri di San Gimignano, delle mura antiche di Volterra, del viale dei cipressi di Bolgheri, di piazza del Campo a Siena.

"Bello, bello," ripetevano i marziani. "Ma questa è roba di tanto tempo fa. Cosa ha da mostrarci di moderno?" Il sindaco di Cecina guardava i suoi colleghi sindaci sgomento: "Ci sarebbe il centro commerciale, la rotonda della superstrada, a Cecina," azzarda uno. "Ci sarebbe la chiesa nuova a La California," dice un altro. "O le case dei geometri," dice un altro ancora. La carovana si mette in marcia. I sindaci erano di pessimo umore. E quando i marziani hanno cominciato a sghignazzare davanti al centro commerciale dello svincolo di Cecina, quando si sono fatti fotografare davanti al campanile lanciamissili della chiesa cosiddetta moderna che a loro ricordava un'astronave di cinquant'anni fa, quando hanno vomitato davanti al lusso pacchiano della villa dell'architetto Rossi, i sindaci hanno capito che non c'era più nulla da fare. Hanno realizzato di non aver niente da vendere se non quel che restava del passato. Di fronte al megaimpianto industriale di Rosignano Solvay i marziani si sono messi a piangere e anche i sindaci apparivano visibilmente provati. Il mare era pieno di chiazze d'olio nero, l'aria ammorbata dai gas di scarico. Anche ciò che restava di antico, i bei palazzi, le rovine etrusche, le chiese, sembravano soffocare sotto la morsa dei condomini, degli ipermercati, delle stazioni di servizio.

"Aspettate, aspettate! Vi portiamo a Firenze..." gridavano i sindaci alla delegazione di marziani in fuga. "No, grazie," rispondevano quelli mentre già i motori dell'astronave rombavano.

Il treno che collega Saline di Volterra a Cecina era una vecchia littorina. Oggi è un unico, piccolo vagone bianco e azzurro, coperto di graffiti colorati.

Parte alle otto meno tre e, lentamente, collega Saline a Cecina. Dieci minuti prima di arrivare al passaggio a livello di San Pietro in Palazzi le sbarre si abbassano. Sui due lati della strada, due file interminabili di auto.

Guidate da mamme che accompagnano i figli a scuola, da operai e impiegati che vanno al lavoro, attendono che il treno passi. Su quell'unico piccolo vagone viaggiano, quando va bene, da zero a tre persone. Le tre persone che viaggiano sul treno, forse, arriveranno puntuali a Cecina. Tutti gli altri in macchina arriveranno di sicuro in ritardo a scuola e al lavoro. Ma allora: come mai esistono servizi che non servono? Cosa ce ne facciamo di un treno vuoto che arriva in orario?

Prendiamo la variante dell'Aurelia. Vecchio dilemma: la lasciamo così com'è o la trasformiamo in autostrada? Se la lasciamo così com'è continueranno a utilizzarla anche i motorini e tutti gli altri mezzi che in autostrada non sarebbero autorizzati. Forse sarebbe meglio legittimarla come autostrada e far pagare il pedaggio, se nel pedaggio fosse compresa quella sicurezza che un'autostrada dovrebbe garantire. Trasformare la variante in autostrada forse consentirebbe di stornare una parte di traffico leggero (o pesante: i trattori) sulla vecchia Aurelia, oggi deserta. Ma il problema vero è che non basta battersi per non far passare l'autostrada vicino a casa nostra, e invece va bene se passa da un'altra parte: non si dovrebbero più costruire nuove autostrade. Si dovrebbe riuscire a far funzionare quelle già esistenti. In fondo non siamo più negli anni del boom quando lo sviluppo economico era strettamente legato all'auto e alla sua produzione, e politica e industria andavano a braccetto scambiandosi favori. Oggi duplicare le autostrade per assorbire meglio il traffico è un disegno criminale. Non si risolvono i problemi di congestionamento moltiplicando i viadotti e le colate di cemento. Il buon senso vorrebbe che si razionalizzasse il trasporto su rotaia (anche quello del trenino Saline-Cecina) e si rendessero più efficienti i mezzi pubblici, magari privatizzandoli.

Dobbiamo mantenere le infrastrutture che abbiamo e farle finalmente funzionare. Se non ci riusciamo c'è un'unica alternativa: far saltare tutto e tornare ad andare a piedi. Chi ha fretta a cavallo.

Si sente spesso dire: se dipendesse da me, farei questo e farei quello. Se fosse per me, quest'ufficio non sarebbe così mal organizzato, ho le mani legate, altrimenti... È un peccato che ognuno di noi non possa dare e fare quel che sarebbe capace di dare e di fare. Ed è penoso pensare che la vita potrebbe essere migliore ma c'è qualcosa o qualcuno che impedisce a ciascuno di noi di migliorarla.

Cos'è questa impotenza che sfocia nella rassegnazione, di fronte al degrado che avanza? Davvero dobbiamo archiviare l'iniziativa personale, di fronte alla burocrazia o a supposti colpevoli della degenerazione della qualità della vita? Perché dobbiamo accettare le città sporche, l'architettura omologata, le pubblicità avvilènti, la televisione offensiva, l'arroganza di chi guida, la maleducazione di chi indossa una divisa, la mancanza di rispetto di chi fa rumore e inquina, la noncuranza con cui la maggior parte di noi lascia correre?

Facciamo un esempio paradossale. Analizziamo la mancanza di cultura e di attenzione verso l'arte delle grandi imprese. Oggi che la chiesa, intesa come istituzione, ha smesso di produrre cultura e costruisce solo chiese orribili in vetro, avendo ormai abdicato alla ricerca di artisti cui commissionare opere d'arte, la responsabilità della produzione culturale dovrebbero assumersela le imprese. Lo stato è meglio che si occupi della conservazione, perché, ormai, chi di noi ha ancora fiducia in uno stato che commissiona un'opera d'arte? Si pensa sempre all'inghippo politico, alla raccomandazione, all'incarico ottenuto dietro tangente. E i monumenti alla Resistenza di sedicenti scultori contemporanei sono sempre lì a metterci in guardia dalle pericolose decisioni delle amministrazioni di abbellire una piazza o di commemorare una data. Le imprese, invece, potrebbero essere libere di produrre cultura, di usare una parte dei loro profitti per lasciare un segno nella storia civile del paese, senza restare prigioniere della produzione finalizzata al consumo, di cui non rimarrà niente di positivo se non l'aver creato lavoro, l'aver contribuito allo sviluppo economico nazionale.

Ma la cultura deve essere il contrario del commercio. Solo se sarà davvero il contrario, potrà produrre nuovi commerci e nuova ricchezza. Sembra invece che l'arte e la cultura facciano paura alle industrie che, spesso, non si preoccupano neppure della cura dell'ambiente che circonda i loro capannoni. Dopo cinquant'anni, l'esempio che ricorre quando si vuol citare un'impresa sensibile all'arte e alla cultura è ancora l'Olivetti di Ivrea. Possibile che in mezzo secolo non sia successo altro che speculazione, cementificazione, mercificazione? Mi piacerebbe avere delle risposte. Mi piacerebbe che l'iniziativa personale di ognuno di noi facesse finalmente succedere nel Duemila tanti piccoli e grandi Rinascimenti, per dimostrare che la passione civile e la storia non si sono fermate.

Verso la fine di maggio del 1998 ho avuto un incubo: leggo sul "Tirreno" che i Verdi intendono candidarmi a sindaco di Cecina. È una notizia vera o uno scherzo? Per evitare decisioni avventate, e quindi a scopo cautelativo, ecco qua il mio programma di sindaco.

Partiamo da una considerazione che è sotto gli occhi di tutti: Cecina è una città turistica. E cosa fanno, in genere, le città per migliorare l'accoglienza dei turisti? Si rovinano. Per spennare meglio noi polli che facciamo vacanze sempre più brevi, le città turistiche si incanagliscono: aprono fast food, triplicano i prezzi, derogano sulla qualità di cibi e servizi, accendono insegne al neon per attirarci in discoteca, allo sportello dello spaccio di cambio moneta, al minigolf, all'Acquapark, al museo delle cere. Equivocando sul concetto di modernità, le città turistiche italiane si somigliano tutte, e tutte somigliano sempre più a Las Vegas. Il cosiddetto terziario avanzato stravolge i piccoli e grandi centri italiani con la stessa crudeltà con cui un chirurgo plastico lavora col bisturi il volto di una donna: togliendole identità, carattere, autorevolezza e conferendole invece una fissità mortuaria standardizzata e plastificata.

Bene: se fossi sindaco, via i turisti da Cecina e largo agli albanesi. Ci sono tremilacinquecento appartamenti sfitti, costruiti non per necessità pubblica ma per ingordigia di appalti di pochi privati? Diamoli agli albanesi. Sistemiamoli in un alloggio decoroso, prima di tutto. Poi penseremo a trovargli un lavoro. Cecina prolungherebbe il Meeting antirazzista di luglio a tutto l'anno e sarebbe la prima città italiana a mettere concretamente in pratica i principi su cui chiama a discutere e a riflettere gli intellettuali, i politici e la cittadinanza. Continuiamo con il programma. Cecina è una città brutta. Anche questo è innegabile. Via, allora, alle ruspe. Se fossi sindaco, fiorirebbero nel comprensorio mille cantieri. Ma non per costruire l'orrore in cemento armato che vediamo. Per distruggerlo, finalmente. Mille albanesi alla guida di fiammanti ruspe gialle a demolire chiese, ipermercati, condomini, villette a schiera, arredi urbani, parcheggi dove nessuno può parcheggiare perché sono sempre pieni. Gli altri duemilacinquecento immigrati a cui abbiamo trovato casa, li impegnamo nella rimozione delle macerie e nella progettazione e realizzazione dei restauri. Mi rendo perfettamente conto che Cecina uscirebbe da questo progetto dimezzata. Ma se vado a vedere vecchie fotografie della città prima della guerra mi pare che a quell'epoca, a Cecina come in tutti gli altri posti d'Italia, l'equilibrio tra piano regolatore e ambiente fosse molto più calibrato. Si lamentano tutti che l'Italia è un paese di vecchi, non nascono più bambini. Tra poco non ci sarà più bisogno di tutti questi condomini, di tutte queste enormi chiese moderne costruite accanto alle piccole chiese antiche, lasciate marcire, di tutti questi ipermercati con i banchi della carne a cui non si avvicina mai nessuno perché di polli ingrassati ad antibiotici bastiamo noi uomini, che ricorriamo alle pillole perfino per curare un raffreddore.

Dopo le ruspe per fare piazza pulita, se fossi sindaco darei il via alla semina.

Al Palazzaccio, per esempio, impianterei un vivaio da far invidia agli inglesi. Un giardino fiorito che facesse arrivare il profumo delle rose e delle viole fino a Rosignano Solvay. Al posto del palazzo di vetro e del negozio "Balloon and flowers" della rotonda, metterei dei fiori veri. Eliminerei il traffico con un tocco di bacchetta magica, perché solo con la bacchetta magica penso sia possibile. Metterei a punto un programma per migliorare la vita sessuale della terza età, rivolto a tutti i Pacciani che sonnecchiano in ognuno di noi e che in Toscana sembrano particolarmente numerosi. Organizzerei un parco pubblico dove le mamme possano allattare al seno i figli e dove tutti, bambini e adulti, possano fare sport senza iscriversi a palestre ridicole e costosissime che si chiamano Figurella, American Gymn Center o Palextra. La segnaletica stradale la affiderei ai bambini delle scuole elementari e poi, attenzione, sarei un sindaco che mantiene le promesse senza essere né di destra, né di sinistra, né di centro. Sarei sempre in lite con tutti. Meglio che ci ripensino alla mia candidatura. Ma se mi eleggessero, i marziani, che l'ultima volta che hanno visto Cecina hanno vomitato, potrebbero tornare tra dieci anni e finalmente avremmo qualcosa da mostrargli.

In Svizzera, si sa, tutto funziona. Sarà per questo che sembra un paese normale dove ogni decisione, anche la più piccola, pare rispondere a criteri di buon senso.

In Italia, anche questo è noto, non funziona nulla, o quasi. Ed è per questo che piccole cose che altrove passerebbero inosservate assumono qui il compito rilevatore dei disastri messi in atto "a monte".

Un cartello stradale storto, in Svizzera, aspetta soltanto di essere raddrizzato dall'operaio cantonale.

In Italia, purtroppo, la dice lunga sulle lungaggini del ministero dei Lavori pubblici.

Chissà perché, quasi dovunque le segnalazioni sui cartelli sono instabili, invisibili, o troppo basse o troppo alte: il comune di Ficarra si annuncia con un cartello sul quale qualcuno ha cancellato le ultime tre lettere, l'indicazione dell'autostrada dall'aeroporto di Pisa sta per soccombere, quasi sdraiata sul manto erboso, i pali che sostengono le frecce sono il più delle volte ammaccati, piegati, genuflessi, prostrati.

I centri delle nostre città pullulano di striscioni, ma le mostre interessanti sono sempre all'estero.

I cartelli stradali sono bianchi (per le indicazioni normali), gialli (per quelle di interesse storico), rosa (per quelle turistiche), marroni (per i parchi e i giardini), verdi (per le autostrade), blu (per le strade provinciali e statali).

Sono spesso presi a sassate, a volte impallinati, sbertucciati, messi di traverso o con la freccia nella direzione opposta a quella che dovrebbero indicare.

Vengono lasciati così, senza sostituirli, in attesa che il prossimo appalto con tangente ne cambi i colori (come è accaduto per le targhe delle macchine).

Allora si buttano giù, si rifà tutto e si ricomincia a sbertucciare, impallinare, cancellare, ammaccare, piegare...

La natura muore soprattutto d'estate. Non solo nei boschi devastati dagli incendi e nei mari inquinati dai carburanti delle barche (il pesce fresco arriva dal Senegal, dai nostri mari pescosi i pesci fuggono, spaventati da motoscafi, yacht, gommoni, scooter d'acqua). Muore anche dove la natura non c'è.

Ci sono zone, nelle nostre città, dove la gente non va mai in vacanza. Non se lo può permettere.

Niente mare, niente montagna. Soltanto una sdraio sui balconi angusti, vicino alla lavatrice, tra i panni stesi e i vasi di basilico. Tanti balconi, uno sopra l'altro, tutti uguali, in condomini simili; stessi appartamenti, stessa dislocazione di cucina, camera da letto, bagno e ripostiglio.

In questi microcosmi si muovono uomini in mutande e canottiera, donne accaldate, bambini fin troppo pazienti.

Televisori a tutto volume rimbombano nei cortili. Le sigle dei telegiornali, quelle degli stacchi pubblicitari risuonano accompagnando i pranzi (pasta al pomodoro) e le cene (pasta e pomodori) serviti nei tinelli.

Nell'aria immobile non si sentono più neppure le grida dei bambini che giocano. Sono tutti davanti al televisore, l'unico mezzo che riesce a calmarli, a farli stare fermi.

Una volta le case erano basse e la gente usciva e sedeva sulla soglia a chiacchierare, nelle sere d'estate. Oggi, nei moderni grattacieli, non si comunica più, non si esce più in strada.

Di notte c'è solo il riverbero azzurrino degli schermi, le urla dei presentatori, e il rimbombo di sigle, previsioni del tempo, telegiornali, pubblicità, pubblicità, pubblicità.

Ruspa: macchina cingolata per l'escavazione superficiale del terreno che agisce mediante una robusta lama concava destinata a incidere, a demolire e ad asportare i detriti, frutto di costruzioni, speculazioni e cattivo gusto (dal dizionario del futuro piano regolatore italiano).

Ruspa: mezzo per fare piazza pulita di architetture ideate da sedicenti architetti, assegnate in appalto a imprenditori senza scrupoli da amministrazioni comunali poco illuminate, da assessori all'edilizia ciechi, firmatari di permessi dati a tecnici sordi e muti. Votati, tutti quanti, da cittadini conniventi per ignoranza e gonfiati dalla ricchezza.

Ruspa: importante investimento economico del futuro di una società civile finalmente consapevole degli errori commessi. Una volta ci si confessava e si faceva penitenza. Oggi gli errori si pagano mettendo in moto le ruspe.

Rendiamo omaggio alle nostre amiche ruspe che, come un alveare di api operose, ronzeranno per tutto il territorio italiano ad abbattere, demolire, sgretolare, schiacciare i centri commerciali, gli ipermercati, le chiese lanciamissili, le villette a schiera, i condomini rosa gialli e verdi, gli alberghi a picco sul mare, i viadotti, le sopraelevate stile Tokyo e tutti quei muri, tutto quel cemento tirato su per assecondare un malinteso senso della modernità. Grazie a questa modernità l'Italia sembra un paese del terzo mondo, con ancora le antenne dei televisori sui tetti di Roma e gli scheletri di case con scala esterna lasciati a marcire in attesa di un condono.

Evviva le ruspe, il cui rumore sarà una volta tanto gradito alle orecchie di tutti quelli che soffrono a vedere le nostre città e i nostri paesi deturpati. Grazie, ruspe, che farete giustizia di tutti quelli che hanno lucrato e speculato costruendo male con l'unico scopo di arricchire se stessi. E grazie, ruspisti! Siete voi gli architetti del futuro, quelli che ridisegneranno il paesaggio italiano a forza di colpi sgretolanti. Grazie, uomini modesti, educati dall'università del lavoro quotidiano, che avete, come i contadini, il buon gusto innato proveniente dalla terra friabile e profumata. Spetta a voi fare giustizia della vanagloria e dell'ignoranza di chi ha studiato per deturpare. Tocca a voi restituirci un'Italia a misura d'uomo.

Ogni tanto una buona notizia. La guerra all'abusivismo edilizio continua. La demolizione di seicento case abusive nell'oasi del Simeto, vicino a Catania, segue quella del mostro di Fuenti, l'albergo sulla Costiera amalfitana demolito pochi mesi prima. È iniziato il periodo della de-costruzione.

Le ruspe hanno molto lavoro da fare. Ecco l'elenco degli ecomostri individuati da Legambiente: seicento case abusive nella valle dei Templi ad Agrigento; trecentomila metri cubi di cemento sul lungomare di Bari; il complesso residenziale di Punta Licosa (Salerno); undici ville a Torre a Mare, vicino a Bari; una strada sulla scogliera di Tricase, a Lecce; sessanta villini coloniali ad Anzio. Tutti luoghi che devono aspettarsi, da un momento all'altro, la visitina delle ruspe. Sembra di sognare: allora un'Italia liberata dall'abusivismo, dall'arroganza, dall'ignoranza dei costruttori, dalla connivenza delle amministrazioni comunali, dall'incultura dei geometri e degli architetti dei comuni, dalla mafia degli appalti è possibile. Si può ancora sperare nel recupero del paesaggio più bello del mondo, il paesaggio italiano; si può ragionevolmente credere che i piani regolatori limiteranno la costruzione di insediamenti nuovi e una politica accorta e fondi adeguati consiglieranno piuttosto il recupero e il restauro di ciò che esiste da tempo. È lunga la strada che le ruspe devono percorrere. Io le aspetto con ansia anche in Toscana. In questa regione il problema dell'abusivismo è forse ancora più drammatico che al Sud. Magari non è neppure abusivismo, si è costruito con tutti i permessi in regola. Ma è sicuramente un abusivismo per la cultura, per l'estetica, per il buon gusto, per la decenza, per l'occhio che guarda e per l'intelligenza che valuta e considera. Gli scheletri di case lasciate a metà, i tronchi di autostrade mai finite, le seconde case che hanno guastato paesaggi, poggi, pendii, uliveti, le "architetture creative" opera di architetti con tessera di partito, i condomini a schiera che, se garantiscono un tetto a chi li abita, condannano chi ci vive alla promiscuità del televisore dell'appartamento accanto, che penetra attraverso pareti fatte di "foratoni": una vita di rumore, di mancanza di privacy, di litigi tra vicini. E su tutte queste costruzioni, la legge del profitto massimizzato a scapito della qualità, gli intrallazzi, la corruzione. Bene: d'ora in avanti abbiamo finalmente una speranza. De-costruire è possibile. Stiano attenti tutti quelli che, fino a oggi, se ne sono infischiati della legge, del buon gusto e del buon senso. L'Italia sta finalmente diventando un paese di delatori intelligenti: fioccano le segnalazioni alle ruspe. Avete un figlio disoccupato? Fategli imparare a manovrare una ruspa. È il mestiere del futuro.

Si viaggia in Toscana e l'occhio cade sugli scheletri grigi di case che ogni tanto si incontrano.

Quattro travertini di cemento tirati su, pareti di cellublock murate alla bell'e meglio, il tetto, che ci sia oppure no, non importa.

Sono le case in attesa di condono. Quelle con le leghe di ferro che spuntano ormai arrugginite dalle travi, con una betoniera ferma davanti all'ingresso a testimoniare i lavori in corso. Se ne vedono frequentemente anche nel Sud e nel terzo mondo: là qualche volta sono scheletri abitati, con i panni stesi alle finestre senza imposte o chiuse con teli di plastica, con un filo di fumo che sale, con i bambini che giocano intorno.

In Toscana, non appena si diventa proprietari di un terreno, si tira immediatamente su una baracca. Non importa se quel terreno non è edificabile, non importa se il piano regolatore lo ha destinato ad altri usi. La baracca spunta subito e resta lì, tutta nude ossa di cemento armato.

Gli abusi, si sa, prima o poi saranno condonati. Non puniti, come vorrebbe la logica. No: condonati.

Piccole e grandi sopraffazioni vengono messe in atto nella certezza che il condono le insabbierà. Tetti di case in restauro che si alzano togliendo la visuale alle finestre della casa accanto, scale esterne che appaiono improvvisamente, porte che si aprono e logge che si chiudono.

Le proteste, le rimostranze di chi viene danneggiato da questi abusi raramente vengono ascoltate, ingenerando nei cittadini vessati quel senso di impotenza che paradossalmente spiana la strada ad altri e reiterati abusi.

Dove sono i sindaci, gli architetti e i geometri del comune, le guardie comunali, i tecnici che dovrebbero vigilare su queste fungaie di scheletri che crescono sui prati di campagna e nelle periferie? Dove sono i responsabili dell'ordine? Perché rimangono immobili di fronte agli abusi? Queste persone sono state elette e sono pagate per mantenere l'ordine e applicare le leggi, non solo per condonare. Sembrano un branco di ciechi, sordi e muti totalmente irresponsabili, a cui interessa solo il proprio posto fisso con pensione. In Italia quando finalmente un sindaco coraggioso fa abbattere i manufatti costruiti abusivamente come ha fatto il sindaco di Rifondazione comunista di una città del Sud, bertinottiano, diventa un avvenimento di cronaca. Sfortunatamente, in questo paese anormale le azioni normali diventano fatti di cronaca.

Il bisogno di una casa è un bisogno primario. La casa è un diritto di tutti. Ma come fare per supplire all'educazione civica, per spiegare che non si può costruire dovunque? Il condono verrà, è questa la solita via di scampo all'italiana che uccide l'architettura, il paesaggio e il buon senso.

Il bello è che il mostro di Fuenti, l'orribile albergo della Costiera amalfitana già abbattuto dalle ruspe, potrebbe risorgere. Come il mostro di Loch Ness potrebbero riemergere, insieme a questo raccapricciante prodotto della speculazione edilizia, milioni di villette a schiera, villaggi-vacanze e centri commerciali in riva al mare. Secondo Legambiente, Forza Italia e Ds, uniti questa volta dal compromesso storico del mattone, avrebbero presentato due emendamenti alle "Nuove norme in materia di beni immobili", quelle che devono tutelare la costa italiana dall'abusivismo, che potrebbero riaprire la strada al condono edilizio. Il testo delle norme, passato all'esame della Commissione Finanze, garantirebbe ai proprietari di case abusive costruite su terreni demaniali la possibilità di acquistare quegli immobili a fronte di un'indennità che va da un minimo di 2000 a un massimo di 8000 lire al metro quadrato:

un regalo ai costruttori fuori legge e uno scandalo, se tutto ciò è vero, di difficile comprensione per i cittadini comuni. Ma tutto ciò è tipicamente italiano. Si era appena tirato un sospiro di sollievo con la buona notizia dell'entrata in funzione delle ruspe che subito scatta un nuovo allarme. Si abbattono le case di Pizzo Sella, a ridosso dell'abitato di Palermo, e della cosiddetta oasi del Simeto, ma subito dopo si crea uno schieramento trasversale, che metterebbe d'accordo addirittura due partiti avversari, per la conservazione del costruito illecito. Tutto ciò accade, dicono sempre gli ambientalisti, mentre il disegno di legge anti-abusivismo giace impantanato in attesa da mesi di essere approvato. Intanto, piccoli e grandi scempi proliferano alla luce del sole. Finestrelle che si aprono, tetti che si alzano, terrazzi che compaiono, mostri che, velocemente, crescono dal nulla. È la rivincita degli speculatori, che sono italiani pure loro e, come i contrabbandieri napoletani di sigarette, devono essere tutelati, altrimenti scioperano. Nel 1998 il valore immobile da costruzioni abusive è stato di 3151 miliardi, con un'evasione complessiva di circa 700 miliardi (fonte Legambiente).

RICCHI CONSUMATI
E POVERI CONSUMISTI

Dove ci sono i soldi ci sono bellezza, arte, cultura, potere, educazione, ecologia, silenzio, morale, rispetto.

In casa dei ricchi non si urla, tutti parlano a voce bassa, a tavola non si litiga ma si conversa, i libri ricoprono le pareti del salotto, la luce è soffusa, fuori il prato è rasato di fresco, la spazzatura non viene cacciata nelle borse di plastica del supermercato e gettata dalla finestra ma separata e depositata negli appositi contenitori per la raccolta differenziata. Dove ci sono soldi c'è buon gusto. Poco di tutto: pochi mobili nelle case, pochi accessori addosso alle signore, poco cibo.

I poveri invece hanno le case piene, il vuoto gli fa paura e le signore ingioiellate e accessoriate si strafogano di cibo. I figli dei poveri, quando viaggiano, vomitano. Quelli dei ricchi imparano l'inglese. I ricchi sono biondi, hanno gli occhi azzurri e la erre moscia.

I giornali dei poveri parlano dei ricchi: di come si vestono, di dove vanno in vacanza, dei loro amori. I giornali dei ricchi, dopo due pagine fitte di titoli quotati in Borsa, parlano del Burundi e dell'Iraq, di prostitute albanesi assassinate, di disoccupati che si suicidano dopo l'ennesimo rifiuto di un lavoro.

Per i poveri c'è la televisione, la sera dopo cena. Per i ricchi ci sono il teatro, i concerti, le mostre e poi la cena. I poveri lavorano e durano fatica. I ricchi non è difficile sentirli dire: "Mi occupo di... e mi diverto molto". La domenica i poveri vanno alla messa delle sette perché dopo devono cucinare il pranzo e occuparsi dei figli. I ricchi vanno a quella delle undici, con la pelliccia e il telefonino che, alle volte, si dimenticano di spegnere.

Ricchi e poveri si ritrovano poi insieme allo stadio; naturalmente i ricchi stanno in tribuna coperta, i poveri li lasciano ad accoltellarsi tra loro in curva sud.

I poveri rubano poco (perché l'ordine delle cose vale anche per il denaro: per un ricco una casa di cinque stanze è piccola; per un povero dieci milioni sono una fortuna) e marciscono in galera; un ricco messo in prigione per tangenti miliardarie può sempre contare su qualche politico garantista che grida allo scandalo, se non si suicida dopo un mese per la mancanza di comfort.

I poveri si vergognano ancora. I ricchi si vergognano di vergognarsi. I poveri arrossiscono. I ricchi quasi mai.

Inquina di più il cosiddetto ceto medio o il cosiddetto "sottoproletariato" (barboni, extracomunitari, alcolisti, sradicati di tutti i tipi)?

I barboni, gli extracomunitari e i drogati producono spazzatura: qualche scatoletta, qualche pacchetto di sigarette, qualche siringa abbandonata fra i cespugli. Chi ce la fa si chiude in due stanze con angolo cottura. Riscaldamento zero, la macchina non ce l'hanno. Il tasso di inquinamento nell'aria, se fosse per loro, resterebbe sempre sotto i livelli di guardia.

Il ceto medio, invece, è una minaccia per l'ambiente.

Questa classe che produce tonnellate di rifiuti, drogata dai consigli per gli acquisti, venditrice in proprio di merci inutili, cui basta l'alibi della raccolta differenziata per sentirsi la coscienza a posto, è la vera minaccia dell'ecosistema umano.

Ci sono popolazioni che vivono con un pugno di riso e il resto della loro vita si conforma a quel cibo essenziale. La nostra fame, invece, è una fame senza fondo e il cosiddetto ceto medio è il più vorace. A forza di vendere e di comprare è vestito da far paura, ha case piene di oggetti inutili e orrendi, ha macchine sproporzionate all'entità dei viaggi quotidiani tra casa e bottega, è razzista verso chi è diverso da lui, verso chi non crede agli stessi miti.

Pare che il benessere non possa non contagiare tutti con la mediocrità del ceto medio.

Se è questo il prezzo da pagare per il vestito dello stilista, il telefonino e la seconda casa, che tristezza.

Eggià, la tristezza. Le mogli e i figli sono sempre più biondi, segno di benessere, siamo più ricchi, ci possiamo permettere il superfluo almeno una volta alla settimana ma, all'apice dell'agiatezza, siamo tristi.

Non c'è la guerra ma siamo ansiosi, abbiamo i divertimenti a portata di mano ma ci annoiamo. Uno sconforto maligno ci soffoca.

Sembra di sentire fisicamente una cappa di insoddisfazione e insofferenza che opprime la nostra vita quotidiana. Ci imponiamo, o ci impongono, una vita ordinata, casa lavoro casa, ma una strana sensazione di disordine si insinua dentro di noi facendoci sentire insicuri. Siamo vittime di rapidi cambiamenti di umore, siamo incapaci di concentrarci su un problema per più di qualche minuto, forse per qualche secondo. C'è sempre meno tempo per riflettere e contemplare. Sesso, soldi, potere, successo sono il nostro chiodo fisso. Crediamo di essere troppo intelligenti ma siamo soltanto troppo presuntuosi per prendere in considerazione l'ipotesi di essere malati.

Corriamo a comprare convinti di lenire questo male. Consumiamo di più scendendo sempre più in basso e soffrendo di conseguenza.

Una strana malattia mentale ha colpito il primo mondo, il mondo del consumo: la banalizzazione, si ride molto meno, si hanno meno sogni; e si sogna solamente di cose che vediamo in televisione.

La realtà è: traffico congestionato; sguardi vuoti delle persone che si incrociano per strada; cataste di cose inutili che sono diventate indispensabili; gente schiava del lavoro e delle comodità, tonnellate di spazzatura, vasche da bagno, vestiti, lavatrici.

La depressione colpisce maggiormente chi vive da solo di chi vive in famiglia, e il numero dei single è in aumento.

Ci stiamo isolando sempre di più, Internet ne è la dimostrazione più lampante. Navigare in rete aiuta ad avere molti contatti ma diminuisce la partecipazione sociale, può rovinare le relazioni umane.

Quando si è al computer non si parla con la moglie né con i figli, non si ascoltano voci umane, non ci si abbraccia più.

Una società on-line non può sostituire una vera società, perché manca delle cose essenziali che fanno di una comunità una comunità.

Il biglietto della lotteria, la schedina azzeccata, il terno al lotto, il numero vincente, il gratta e vinci: sono i miliardi che cambiano la vita. E allora via con la caccia ai fortunati e le interviste a chi è costretto a continuare a sognare.

Fra questi, quasi tutti affermano che, se vincessero, smetterebbero di lavorare. Se ne deduce che la maggioranza degli uomini quando lavora soffre. A dire il vero, l'alienazione di chi è costretto a vendere le proprie braccia o il proprio cervello a qualcuno che li usa per trarne un profitto era cosa già nota.

Con i piedi al caldo, tutti vorrebbero smettere di lavorare.

È la rivincita contro i capi ufficio, contro i turni massacranti in fabbrica, contro la sveglia che trilla al mattino, contro i treni troppo freddi o troppo caldi dei pendolari. Insomma è la rivincita contro un lavoro che pare non avere più alcuna attrattiva per nessuno. Un lavoro diventato puro obbligo da sbrigare per sopravvivere. Un lavoro da sopportare. Nient'altro che denaro ottenuto in contropartita. Se il lavoro non coincide con la vita di chi lo fa, ma è considerato un dovere dal quale non si può prescindere, sarà sempre più degradato. Ogni mestiere perderà la creatività per guadagnare in ripetitività; perderà l'inventiva per guadagnare in conformismo. Ecco la ragione per cui chi lavora è spesso stanco, annoiato, scortese, brusco.

Ecco perché si ha sempre più bisogno di tempo libero (mentre invece ci si dovrebbe riappropriare del tempo del lavoro, perché la creatività e la felicità sono nel fare, non nello stare in ozio). È deprimente delegare alla speranza di vincere una lotteria la nostra scommessa di essere felici.

Gratta e gratta, non troveremo altro che la conferma della nostra stupidità.

Il comprare cronico è diventato una necessità per vivere e per far sopravvivere il sistema. Recentemente i malati di shopping si sono moltiplicati, chi compra pensa di sentirsi più vivo in tempi particolarmente prosperi. L'impulso a comprare in modo cronico e ripetitivo per contrastare le emozioni negative della vita è iniziato negli anni ottanta, nell'era craxiana, e ha poi subìto un'accelerazione incredibile.

Per smettere di comprare, si potrebbe immergere la propria carta di credito in un vaso pieno d'acqua e mettere poi il tutto nel congelatore, la si potrebbe tagliare a pezzettini o metterla in bocca alla tigre dello zoo, o infilarla nel serbatoio della benzina dell'auto o nella vasca di smaltimento dei liquami organici del condominio. Una cosa è stata finalmente accertata: questa necessità compulsiva e nevrotica di comprare è considerata una malattia e anche particolarmente antipatica.

Per fortuna, come al solito, ci sono gli Stati Uniti d'America, che, da buoni salvatori dell'umanità (così si autodefiniscono), hanno capito il grande dramma di chi è malato di shopping: l'industria farmaceutica Forest Laboratory di New York e l'università di Stanford in California sperimentano, su donne cavie (le donne sono particolarmente colpite da questa malattia), la S.S.R.L. (Selective Serotonin Reuptake Inhibitor), una pillola che può arrivare là dove la forza di volontà non può più, un medicamento per fermare l'emorragia del comprare, la febbre dello shopping. In sostanza se una persona assume, perché depressa, la S.S.R.L., la pillola fa da moderatore, allevia la depressione e quindi abbassa la quantità degli acquisti; si pensa però che la depressione non sia la sola ragione del comprare compulsivo. Ci sono dei malati dell'acquisto che proprio non riescono a regolare i loro impulsi per ragioni di squilibrio biochimico. Per questa ragione la droga chimica Serotonin nella pillola S.S.R.L. agisce da moderatore. Da una parte c'è il sistema economico e produttivo che con il suo marketing induce noi compratori ad aver ancora bisogno di T-shirt verdi o grigie e pantaloni cachi, dall'altra c'è l'industria farmaceutica che cerca di convincerci che abbiamo un problema se compriamo troppi vestiti: quindi dobbiamo comprare anche delle pillole per curare il desiderio patologico di T-shirt verdi o grigie e pantaloni cachi, e così via anche per tutti gli altri prodotti sul mercato. Dobbiamo per forza comprare, perché comprare e consumare sono il motore del sistema su cui si basa l'economia moderna. Siamo finalmente dei consumatori perfetti: abbiamo da una parte tutti i prodotti che dobbiamo comprare e dall'altra i medicinali che ci curano da questa malattia.

Ormai compriamo solamente ciò di cui non abbiamo proprio bisogno: abbiamo abbastanza vestiti, camicie, cellulari, mutande, orologi, calzini, pillole, automobili, oggetti vari ecc. per altre tre vite; ma il bisogno non c'entra, l'importante per il progresso è che si compri e che si consumi. L'aiuto determinante delle industrie farmaceutiche, a cui dobbiamo riconoscere la sensibilità verso il nostro dolore di poveri umani, condannati a comprare e consumare per sopravvivere, ci consentirà quindi di comprare di più ma col minor senso di colpa possibile: tutto questo per un ulteriore profitto. Come per il fumo, non si compra per necessità ma per nevrosi, più si compra e più pensiamo di essere felici: col fumo uccidiamo il corpo, comprando uccidiamo lo spirito.

Morale: chi non ha niente, non ha niente da perdere; noi invece abbiamo paura soprattutto di perdere quello che siamo riusciti a mettere insieme, comprando e ammassando (tante volte con dubbia morale) affannosamente, e adesso abbiamo paura dei ladri, ci organizziamo con sofisticati sistemi antifurto per non perdere tutto ciò che alla fine dei conti ci è perfettamente inutile.

Lasciamo che i ladri vengano a noi per liberarci dai nostri peccati!

Le ragazze russe fanno l'amore con i bagnini di Rimini, proprio come le svedesi e le tedesche.

Un ragazzo albanese balla in discoteca come un suo coetaneo italiano e fa amicizia con le italiane nello stesso modo.

Ma le russe e gli albanesi, per molto tempo, sono stati tenuti lontano dall'Italia.

I conflitti creati artificiosamente dalla politica rivelano quello che da sempre sappiamo: che c'è un'attrazione naturale tra le persone, che gli uomini di nazionalità diversa, di razza, di lingua e di religione diverse si amerebbero.

Cos'è che trasforma una dichiarazione d'amore in una dichiarazione di guerra?

Al mercato le pere e le mele si vendono indifferentemente ai bianchi e ai neri, agli italiani e agli ex iugoslavi, ai rom e ai senegalesi.

I parametri finanziari decisi dalle grandi potenze ci dicono quello che è noto da sempre: che l'economia è strettamente legata alla politica e che i ricatti economici altro non sono che manifestazioni del potere.

Cos'è che trasforma l'unione creata dal rapporto domanda-offerta in un altro motivo di divisione?

La politica e l'economia, con quella terminologia militare – fatta di blocchi, schieramenti, strategie, sfondamenti e tattiche – a cui ricorrono per spiegarsi, non fanno altro che confermare una vecchia convinzione: la maggioranza degli uomini, delle donne e dei bambini è tenuta in scacco da una minoranza, quella dei politici e degli economisti.

Il paradosso è che non è mai la minoranza che decide la guerra, quella minoranza che poi la combatte e muore sul campo.

E non è mai la minoranza che muove le Borse internazionali a dover arrivare alla fine del mese con uno stipendio di un milione e settecentomila lire e tre figli da mandare a scuola.

Su queste contraddizioni ci scanniamo e continuiamo a spartirci la ricchezza in modo iniquo.

Ma sembra a tutti più utile perfezionarsi nella violenza e nel cinismo piuttosto che affrontare in modo nuovo temi come la tolleranza, la giustizia, il pacifismo.

Ai ricchi si perdona sempre tutto. Esistono i soldi e quelli che hanno i soldi. E quando uno ha i soldi, soprattutto nella società in cui viviamo, diventa padrone non solo di cose e di merci ma anche dei media. Giornali, tv, radio e ora anche Internet parlano principalmente dei ricchi e dei potenti. I poveri fanno notizia solo se annegano (ma devono essere, possibilmente, più di dieci) durante un trasferimento in gommone dall'Albania a Bari.

Oppure se bruciano nell'incendio di una roulotte. Non si perdona quasi niente ai poveri: è pressoché sempre colpa loro se affogano (dovevano restarsene a casa) o se bruciano (dovevano fare attenzione alla stufetta a gas). Ai ricchi, invece, si perdona tutto: le guerre (combattute sul campo dai poveri, ovviamente), il traffico di armi e di droga (con le palline di carta stagnola riempite di cocaina fatte ingerire, è chiaro, alla collaboratrice familiare di ritorno da una visita ai parenti colombiani), lo spreco (una brava signora borghese riesce a spendere, in un'ora di shopping in via della Spiga a Milano, l'ammontare di sei mesi di salario di un operaio).

Tutto si perdona ai ricchi: anche le cazzate. Prendiamo la nave di Berlusconi. L'Italia piccola piccola del cantante di piano-bar si riaffaccia, in questo progetto ridicolo, lanciato con lo slogan: "Occuperemo i cieli e i mari".

Ma perché non ha affittato la *Saratoga*? Una bella portaerei con la pista per far decollare gli aeroplani con gli striscioni che invitano a votare il suo partito. Macché, Berlusconi ha preso in prestito un traghetto da dopolavoro aziendale per portare un po' in giro la vecchia mamma con un'amica. Una modesta bagnarola, niente più. Lui che ha sette ville, che è padrone di televisioni, cinema e giornali, che ha una moglie bionda, che ha comprato tutti gli spazi in affissione disponibili in Italia per metterci sopra la sua faccia, ha avuto l'infelice idea di fare il giro dei porti italiani con una tinozza. Che delusione. Cosa racconteranno le televisioni e i giornali, abituati al lusso similamericano del nostro magnate?

Ma anche da sinistra arrivano segnali inquietanti: riferivano i giornali che il candidato in Toscana, Martini, scortato dalla stilista Chiara Boni, si affacciava intimidito nei salotti della nobiltà fiorentina. La sinistra scopre la moda e l'aristocrazia quando della moda e dell'aristocrazia non ce ne importa un fico secco!

Ci sono cose che, purtroppo, si trasmettono ancora con il sangue. Tra queste, due attirano particolarmente l'attenzione della gente: la nobiltà e l'AIDS. Il sangue è il filo rosso che unisce nobili e malati di AIDS: per i nobili è blu e trasmette il privilegio di casta; per i contagiati dal virus è sieropositivo e trasmette la presunzione di poter pontificare solo perché infetti. Nobili e sieropositivi appaiono oggi come le uniche élite per le quali il sangue conti ancora qualcosa. Mentre da ogni parte ci si adopera per dimostrare che il sangue degli uomini è uguale, che non esistono differenze di razza perché sempre rosso sgorga da una ferita di un bianco, di un nero o di un giallo, i nobili e i malati di AIDS si affannano al contrario a esaltarne la diversità. Si proclamano due specie a parte: gli uni, vantando legami secolari di sangue aristocratico, si sentono ancora oggi titolari dei privilegi di classe. Gli altri, rivendicando il contagio da sangue infetto, pretendono l'impunità in virtù del loro ruolo di vittime. Così i canali televisivi e i giornali danno voce a principi e principesse e a sieropositivi che non rappresentano nulla se non per il titolo che portano o per il risultato dei loro esami ematici. Una signora sieropositiva, per esempio, occupa ormai da più di un decennio le poltrone dei principali talk show dicendo stupidaggini tollerate e applaudite solo perché lei si proclama malata. Conti e contesse scrivono scemenze sui giornali o sono protagonisti di servizi televisivi non perché abbiano fatto qualcosa di utile o di sensazionale ma solo perché si chiamano con un certo cognome, anzi, con più cognomi.

Ora, bisognerebbe ristabilire un concetto di giustizia molto semplice: non tutti i nobili, non tutti i sieropositivi sono intelligenti. E non è detto che si debba per forza accontentarsi di quelli che non si vergognano a denunciare la propria nobiltà o la propria sieropositività. Il sangue, blu o HIV positivo, non c'entra nulla con il cervello. La maggioranza degli italiani, che ha avuto la fortuna di non essere né nobile né sieropositiva, l'ha capito benissimo, così come ha capito che la vera forma di rispetto per le persone – anche quelle nobili o malate – sono la sincerità e l'onestà invece della condiscendenza. Non si fa del bene a un sieropositivo che spara cazzate giustificandolo con un "poverino, è malato". E se ci si toglie rispettosi il cappello quando passa il signor conte, considerato in paese come il pirla della famiglia, lui si sentirà autorizzato a credere che il suo sangue sia davvero diverso.

Ma i nobili sono più fortunati dei sieropositivi: dalla sindrome della nobiltà qualcuno di loro sta guarendo (a costo, a volte, di essere emarginato come un malato di AIDS); dalla sindrome da immunodeficienza acquisita, purtroppo, non si guarisce ancora.

Chi lavora è perduto. Ha buttato alle ortiche la qualità del suo lavoro, la libertà di esprimersi attraverso di esso, la possibilità di creare, di comunicare, di proporre.

Chi lavora, oggi, lo fa più che altro per mantenersi il posto. Fa parte di un ingranaggio mostruoso che lo costringe a vendere la sua mano d'opera o la sua intelligenza per ottenere, a fine mese, uno stipendio.

Uno stipendio che gli servirà per poter mangiare, pagare un affitto, acquistare un biglietto d'autobus, mettere benzina nella macchina, lavorare e, nel cosiddetto tempo libero, consumare merci o servizi. Chi lavora non è altro che un collaborazionista di un sistema che lo ricatta: se oggi si pensa alla perdita del lavoro si pensa a una disgrazia invece che, come si dovrebbe, a una riconquistata libertà. Le strade sono piene di facce scure che vanno in fabbrica o in ufficio. Non si sente più nessuno che canta o fischia o ride mentre lavora.

Al massimo si vedono giovani operai in cantiere con il microwalkman attaccato alla cintura e le cuffie per spararsi nelle orecchie la musica che dà loro l'illusione di essere ancora a ballare, la notte del sabato, invece che a impilare mattoni il lunedì mattina. Fare il meno possibile: questo è l'imperativo che si ripete, tra sé e sé, il lavoratore. Arrivare presto al venerdì sera per entrare nell'altro sistema di ricatto: quello del tempo libero. Un tempo libero occupato dallo shopping all'ipermercato, dalla discoteca, dalla multisala e dallo stadio. Non c'è più nessuno che ami il proprio lavoro. Qualche volta si sente qualcuno dire: "Mi occupo di... e mi diverto molto". C'è gente che, tutt'al più, si diverte a lavorare. Lavorare per modo di dire: quelli che si divertono in genere fanno i pubblicitari o sono nel settore delle public relations, o si occupano di Borsa. Ma l'amore per il proprio lavoro, la capacità di appassionarsi e di svolgere bene un compito, questo è merce rara. Lo scopo di tutti, oggi, sembra non essere più vivere nel modo migliore, bensì accumulare un capitale. Si è certi che, con un bel gruzzolo in banca – possibilmente raggranellato speculando in Borsa o vincendo al Superenalotto, cioè senza fatica –, la vita sarà senz'altro più bella. Così l'attività principale dell'uomo che lavora è vendersi per comprare. Ma se non si compiono più gesti di vita, la vita si allontanerà da noi. Ci venderemo sempre di più, venderemo sempre di più la nostra forza lavoro per poter comprare sempre di più quello che la televisione ci ordina di comprare. Si lavora per perpetuare un sistema che ci separa dalla vita vera e quindi dalla felicità. Per questo a nessuno piace più lavorare. E il cerchio si chiude, trasformando la nostra vita in una prigione senza scampo.

L'orologio al polso di un ciccione diventa un orologino, un accessorio piccolissimo circondato da una massa di carne a volte allegra, a volte cupa.

Su quell'orologino, un mondo sempre più obeso controlla, con allegria o sconforto, il conto alla rovescia del proprio disfacimento.

Il grasso è il lubrificante della decadenza dell'impero d'Occidente. L'accumulo è l'unità di misura della felicità consumistica, o della sua disperazione.

Rolex enormi e pesanti ciondolano dai polsi sottili delle persone magre. Sull'opulenza di quei gioielli si misura l'eleganza della rovina che incombe, perché anche chi è anoressico non rinuncia al grasso, all'accumulo, al possesso.

Più patatine, più popcorn, più Coca-Cola, più dolci, più cioccolato, più automobili, più benzina, più punti-omaggio, più regali, più autostrade, più aerei, più case, più oro, più soldi, più lusso...

Il grasso è la salvezza dell'umanità per chi si augura un'autodistruzione rapida o la sua dannazione, per tutti gli altri che invece sono ossessionati dalla dieta. È una festa. O un funerale.

Per i magri l'indigenza fa eleganza. Nelle case dei ricchi si organizza un vuoto raffinato, i ristoranti chic servono piatti con porzioni microscopiche. L'opulenza è confinata in un altro tipo di spreco. Quel che costa poco vale poco.

Nelle case dei poveri, invece, gonfiano le pance e aumenta la spazzatura.

Bulimia e anoressia sono i segnali contraddittori di un unico messaggio: il mondo ingrassa.

FISIOLOGIA DELLA VACANZA

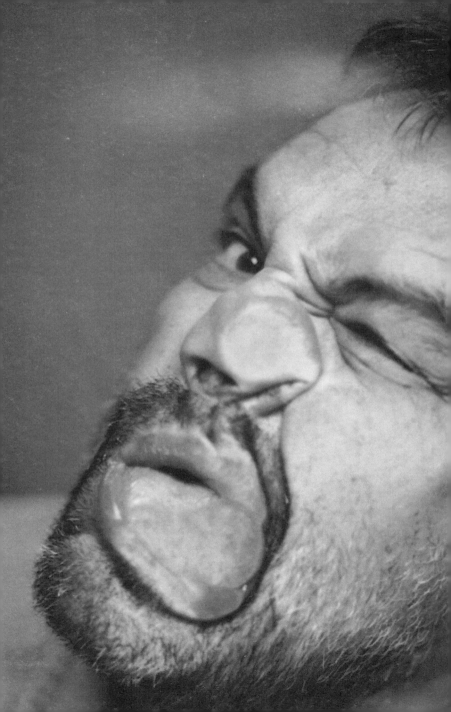

I viaggi organizzati, i charter con ritardi perfino di se-
dici ore, gli alberghi che non sono come apparivano sui
dépliant, gli extra che fanno lievitare i conti delle pensioni,
le spiagge trasformate in portacenere con milioni di cicche
conficcate nella sabbia, le attese di ore e ore in pizzeria, il
rito del gelato sul lungomare con folle di deportati in ciabatte scottati dal sole, le code in autostrada, i bambini che
urlano in macchina, le valigie da caricare, da scaricare, da
ricaricare e da riscaricare, le mogli e i mariti che litigano,
le soste in autostrada, i gabinetti lerci, i percorsi obbliga-
tori nelle aree di servizio tra salami, forme di parmigiano e
animali di peluche, gli scioperi dei benzinai, dei ferrovieri
e dei piloti d'aerei, il mare a chiazze di petrolio, il mare
affollato di motoscafi, gommoni, scooter d'acqua, tavole
da windsurf, mosconi, barche, yacht, il mare con le cicche
e le bottiglie di plastica che galleggiano, le mamme in acqua fino al ginocchio che urlano ai figli di uscire dall'acqua medesima, l'odore della crema solare, le spiagge con
gli altoparlanti che fanno pubblicità alle discoteche, gli
stereo a tutto volume, le auto infuocate nei parcheggi vicino agli ingressi degli stabilimenti balneari, le pance e le
celluliti che debordano da costumi sempre più ridotti, i turisti a torso nudo anche quando vanno a fare la spesa, gli
zoccoli che sbattono sull'asfalto, i turisti che cantano a
squarciagola di notte, i turisti civili nei loro paesi che diventano maleducati quando sono in Italia, i prezzi che aumentano, ottomila lire un caffè al tavolino del bar, cinque-
mila lire una bottiglia da un litro di minerale, il cane, il
gatto e il nonno che non si sa dove metterli, i ladri che rubano nelle case vuote, le roulotte che rallentano il traffico
sulle strade provinciali, i camping senza acqua nelle doc-
ce, gli incidenti stradali durante il cosiddetto esodo, la

spazzatura lasciata a marcire al sole, i boschi di montagna presi d'assalto da comitive con stereo e zaino, i boschi vicino a località di mare incendiati dagli speculatori, gli spettacoli nelle piazze, il casino invece del silenzio, la stanchezza invece del riposo. Si va in vacanza anche con il cervello, purtroppo. Perché se l'attività mentale restasse viva e lucida forse ci soffermeremmo a riflettere su cosa sono diventate le vacanze.

E, forse, si rimarrebbe a casa.

Dunque, state per andare in vacanza? Quando siete in procinto di chiudere casa e mettervi in viaggio per il meritato riposo non dimenticate di abbandonare il cane e il gatto in autostrada almeno a centocinquanta chilometri da dove risiedete (anche se la cronaca racconta di bestie indomite che hanno percorso l'intera distanza, pur di tornare dai padroni che li avevano scaricati).

Buttate i mozziconi accesi dal finestrino della macchina. Se la vostra cicca provoca un incendio non preoccupatevi: voi sarete già passati, è inutile guardare indietro, accelerate verso il mare! Una volta in spiaggia, le cicche spegnetele nella sabbia: un portacenere naturale, a volte si mette perfino in recipienti da usare in salotto tanto è efficace per lo spegnimento dei mozziconi. Tirate l'ultima boccata mentre siete belli sdraiati al sole e immergete il filtro nei granellini finissimi. La spiaggia vi si presenterà come un cielo costellato di cicche, molte con l'impronta vermiglia e impastata del rossetto che abbelliva la bocca che le ha fumate: non fa niente, basta stenderci sopra un asciugamano.

Se siete in montagna non lasciate i rifiuti della merenda al sacco lì dove l'avete consumata. Fate un gioco: sfidate vostro figlio o vostra figlia a lanciare la lattina vuota, il cartone del latte, la bottiglia di vino e la scatoletta di tonno il più lontano possibile, giù nel ruscello in fondo al crepaccio, lassù nei cespugli di felci, sotto la seggiovia, oltre la strada dove sarà davvero difficile rimuoverli anche per un volontario di Legambiente.

Avete deciso di scoprire i centri storici – magnifici – delle città italiane? Andateci in mutande, ciabatte e canottiera. In città fa caldo. Rinfrescatevi con bei coni gelato che leccherete mentre visitate il museo, la chiesa, l'antica certosa. La sera organizzate allegri cori di canzonette degli anni sessanta, di quando eravate giovani, cantatele tutti insieme a squarciagola, voi, vostra moglie, vostro cognato, i vostri amici, seduti sulla scalinata della cattedrale.

Se andate all'estero, poi, è giusto che facciate fare bella figura all'Italia. Siccome non siete più a casa vostra vi sentite intimiditi, preoccupati, incerti se indossare la maglietta con sopra scritto "Valentino" o quella con "University of Baltimora". Rilassatevi. Fate come fanno gli stranieri quando vengono da noi: ubriacatevi di birra ai tavoli delle osterie, lasciate con una scusa vostra suocera all'Autogrill e passate a riprenderla a Natale.

I turisti sono come le cavallette. Si nutrono di roba altrui, piombano a sciami sulle città d'arte e devastano, lasciando sul campo rifiuti la cui rimozione graverà poi sui cittadini. Cavallette affamate di tutto quanto le guide degli inclusive tour propagandano: Venezia in quattro ore, Firenze in due giorni a ottocentomila lire, Roma di notte a un milione e mezzo, il ponte dei Sospiri, il ponte Vecchio, il Colosseo, la galleria degli Uffizi.

E ancora le trattorie caratteristiche, lo shopping in via Condotti, l'hotel romantico, la cena a lume di candela, il giro in gondola e in carrozza, la pizza e l'artigianato tipico. Non c'è limite allo scempio organizzato dalle agenzie, conniventi con albergatori e uffici del turismo. Milioni di autobus a due piani con aria condizionata, tv e cesso biologico trasportano, ma sarebbe meglio dire deportano, masse di anziani, folle di giapponesi, orde di studenti di scuole superiori negli itinerari mordi-e-fuggi del turismo mercificato. Anziani rintronati con il naso all'insù per seguire l'ombrello tenuto alto dal capogruppo, giapponesi fusi dal jet lag dirottati a percentuale dai sensali nei negozi del lusso made in Italy, ragazzi brufolosi con i walkman e gli stereo a tutto volume nelle orecchie a rincorrersi per le sale dei musei. A mezzogiorno tutti a pranzo e via con le pizze a taglio, gli hamburger, le patatine, i panini di gomma, le lattine di bibite gassate: l'internazionale del cibo massificato canta dovunque la stessa canzone. Dovunque gli stessi rifiuti: bicchieroni di cartone rosso, forchette di plastica, carta oleata, cannucce non biodegradabili, tovagliolini, vaschette di plastica e polistirolo.

Il pranzo dei turisti somiglia in modo impressionante, per degrado e volgarità, al viaggio che è stato loro venduto da tour operator senza scrupoli. Simbolo universale il cono gelato che mandrie di bovi e vacche in canottiera leccano ciabattando per strada mentre un rivolo di pistacchio gli cola lungo le braccione nude, giù fino al gomito. Un tempo, quando i barbari premevano alle porte, si alzava il ponte levatoio e, se arrivavano fin sotto le mura, gli si rovesciavano addosso paioli di olio bollente. Oggi si propongono gli scaglionamenti delle ferie per mandare le orde di disperati a scoglionarsi a flussi alternati. Code in autostrada, rumori molesti, gruppi di ubriachi che cantano a squarciagola alle due del mattino in tutte le lingue, gente in pantaloni corti e ciabatte che deambula mentre le persone normali lavorano: si sopporta tutto in nome del dio denaro che, sotto forma di valuta estera pregiata, viene accolto con tutti gli onori e cambiato nelle migliaia di "spacci" change-exchange-wechsel aperti nei centri storici. Arriva l'estate e arrivano i turisti. Ci avete mai pensato? La parola "turista" è un insulto.

Se a Venezia, o a Cecina, o a Firenze si cominciano a costruire case per turisti, ristoranti per turisti, negozi per turisti; se si aprono sportelli di cambio per turisti; se si applicano prezzi differenti alla pizza a taglio quando la comprano i turisti; se il tassista non attacca il tassametro quando carica un turista; se si comincia a ragionare in questo modo, "nell'ottica" – come dicono ormai in molti – del servizio personalizzato per i turisti, i turisti non verranno più. Un turista sceglie Venezia, o Cecina, o Firenze per quello che queste città sono state nella storia, per il modo di essere dei loro abitanti, per le trattorie caratteristiche, per certe camere con vista in piccoli alberghi, magari scomodi ma impareggiabili per atmosfera e bellezza.

I turisti intelligenti vogliono perfino patire le piccole o grandi disorganizzazioni di una città perché aspirano a una vacanza "vera", un tuffo autentico in un mondo che non vogliono a loro immagine e somiglianza e tantomeno plastificato e universalizzato nel tentativo maldestro di farli sentire a casa propria.

Occorre che le amministrazioni pubbliche lavorino sodo per salvaguardare le città d'arte e i centri turistici dall'omologazione del turismo di massa.

Servono sindaci concreti e carismatici con una visione a lungo termine dell'immagine della loro città.

Uomini che non si facciano ricattare dai commercianti

che, pur di battere cassa, metterebbero le insegne al neon anche in piazza San Pietro a Roma. Sembra un paradosso ma è la verità più inconfutabile: più una città non fa niente per i turisti o, nel migliore dei casi, si adopera per limitarne l'afflusso, più i turisti vorranno visitarla.

Al contrario, più si fanno concessioni per accogliere quelli che, alla fine, non sembrano altro che polli da spennare, più i turisti fuggiranno, alla volta di altre mete, più lontane, più nascoste, più incontaminate.

Soltanto i mediocri spettatori delle trasmissioni televisive del sabato e della domenica cercano i fast food in città: le persone intelligenti sanno che, allo stesso prezzo, a Firenze o a Venezia, possono mangiare in piccole osterie o fare uno spuntino da un vinaio senza dover subire l'abbruttimento del self-service. Chi si muove per turismo, se non è plagiato dal cattivo gusto televisivo, cerca la qualità.

E la qualità si trova in tutti quei posti, negozi, ristoranti, chiese e mercati che stanno lì per servire la gente del quartiere, con l'educazione delle persone civili che vogliono rendere un servizio e non con la voracità dei bottegai mai sazi di denaro che si ingegnano per spremerlo. Scoraggiare il turismo vuol dire salvarlo. E significa salvare le città d'arte e i numerosi luoghi turistici italiani dal degrado.

Non è un caso se, a Cecina per esempio, i turisti arrivano completamente equipaggiati e autosufficienti nel loro camper, dimostrando così che agitarsi per rendere il loro soggiorno più confortevole non serve a niente.

L'uomo è un essere socievole con tendenze omicide. Gli uomini, se insieme e tanti, possono diventare pericolosi. Guardate lo stadio alla domenica pomeriggio. Da quando sulla Terra c'è più di un essere umano, c'è l'intolleranza; la storia dell'umanità è contrassegnata da discriminazioni, violenze, guerre. Perché allora durante le vacanze questa umanità ama comunque accalcarsi?

Provocando code infinite, traffico assassino, folle da stadio nei posti di villeggiatura, ammucchiate da primato sulle spiagge, dei corpo a corpo per poter vedere il mare, per riuscire ad entrare in acqua, processioni a due corsie sul bagnasciuga, e in mare dei gomito a gomito come i naufraghi del *Titanic*.

Alla sera, tutti in fila nella interminabile via crucis che

bisogna percorrere per poter mangiare una pizza mediocre, carissima, servita male, o per un gelato industriale; poi ci si rimette in coda sul lungomare come in un esodo biblico, strascicando le ciabatte per terra.

Quando sono a casa mia in Toscana, appena posso, vado a fare una passeggiata in un bosco mediterraneo demaniale fantastico: incontro raramente qualcuno, solo qualche turista, quasi sempre straniero e del Nord Europa; eppure questo bosco è solamente a pochi chilometri dalla spiaggia sovrappopolata.

Fortunatamente, non lontano dalla calca esistono luoghi ricchi di natura, boschi, pinete, prati, oasi, dove però vanno in pochi, posti dove si può godere la musica del silenzio, dove c'è la possibilità di pensare e riflettere, di apprezzare e godere la natura; ci si può fermare a osservarne i dettagli: un sasso, una foglia, una lumaca, un fiore o un insetto. Si può veder scorrere l'acqua, e alzando lo sguardo si possono osservare fra gli alberi le nuvole che si muovono col vento; tutto questo fa bene agli occhi, alla mente, al cuore e, per chi ce l'ha, allo spirito.

Il silenzio e la solitudine sono valori sempre più deprezzati: si cerca di evitarli, perché ci fa paura pensare e riflettere, si preferiscono il rumore e la confusione, non vogliamo essere soli con noi stessi, cerchiamo di sfuggirci, è meglio non ascoltarsi.

Così quando si è soli, invece di approfittare dell'occasione, si accende subito l'elettrodomestico più rumoroso e inutile che sia mai stato inventato: il televisore.

1300 incidenti, 52 morti, 1500 feriti. Utilitarie schiacciate insieme al loro carico umano, alle valigie, ai souvenir, ai giochi dei bambini. Code interminabili (sessanta chilometri quella al valico del Brennero), lavori in corso su quasi tutte le autostrade e dove non è la bandierina arancione a provocare i rallentamenti o l'arresto è il tamponamento, il salto di carreggiata, il sasso lanciato dal cavalcavia, il carico fuoriuscito dal rimorchio. I numeri della catastrofe sono dell'estate 1998, ma la vicenda si ripete con oscillazioni poco rilevanti ogni anno. La guerra che si combatte sulle autostrade italiane ha qualcosa di arcaico. Mette in gioco il dominio dell'uomo sull'uomo: piccole Fiat Punto stracariche incalzate dagli abbaglianti di potenti BMW che chiedono strada; modeste berline con i cuscini a uncinetto e il cane di peluche che dondola la testa impegnate in percorsi che sembrano sfide: novecento chilometri da Maratea a Milano. E i camper e le panciute roulotte che caracollano a sessanta all'ora sulle corsie di sorpasso. Le Porsche e le Ferrari rombanti rasoterra che non entrano neppure nel campo visivo dello specchietto retrovisore delle novecento di cilindrata, tanto sono basse e aerodinamiche, provocando un sussulto al povero autista dell'utilitaria che si accorge di loro solo a causa dello spostamento d'aria. I Tir lanciati a tutta velocità che fanno sentire in galleria l'urlo prolungato e arrogante del clacson. Si combatte per la vita, in autostrada e, come spesso accade, soccombono i più deboli. Si combatte, come in guerra, per affermare il peggio dell'uomo. Sono imbecilli, stronzi, cornuti solo gli altri che non siamo noi, alla guida dei bidoni che ci disturbano, ci fanno scalare di marcia, ci costringono a rallentare, a lampeggiare, a strombazzare. Per migliorare la viabilità stradale sono in progettazione varianti di valico, terze corsie, viadotti paralleli, sopraelevate. Il panorama futuro sarà un'immensa colata di cemento, la trincea per i poveri soldati semplici che continueranno a inseguirsi, a sorpassarsi, ad abbagliarsi e a schiantarsi mentre i comandanti e i generali li guarderanno dall'alto, dai finestrini di un veloce ed esclusivo elicottero. Cinquantadue vittime sulle strade del rientro, tuttavia, non impressionano più nessuno. Sdegno unanime, invece, per due cavalli morti al palio di Siena.

Come Dio vuole, arriva il giorno del ritorno. Le vacanze finiscono nell'assuefazione a ritmi e scomodità che ci fanno guardare a casa nostra come a una specie di paradiso. Ci rimettiamo in macchina con la sensazione di essere stati conniventi con l'industria dell'illusione, complici della grande balla inventata dalla fabbrica del cosiddetto tempo libero per espropriarci ancora un po' da noi stessi. Il ritmo di vita naturale non segnato dalla radiosveglia del mattino e dalla sigla del TG della notte, il dialogo rilassato con i nostri figli, uscire una sera con nostra moglie in una città finalmente vuota e disinquinata, dormire fino alle dieci la mattina, invitare gli amici a cena e tirar tardi senza il problema di doversi alzare il giorno dopo: questi e molti altri sono i piaceri che ci vengono negati dalla coazione ad andare in vacanza. È scritto che dopo un anno di lavoro si debba andare in ferie. I giornali ci ricattano con la minaccia del turismo che cala, gli albergatori che piangono, le foto di piazzette e gelaterie sul lungomare desolatamente vuote. L'industria del cosiddetto divertimento ha già programmato la nostra vita: non per il nostro piacere ma per i suoi profitti. E noi ci caschiamo come polli. Come polli d'allevamento sentiamo tutti la stessa musica, becchiamo lo stesso pastone chimico per ingrassare chi ci sfrutta al solo scopo di aumentare il proprio capitale. Occorre davvero tanto coraggio per dire: "Quest'anno resto a casa"? Ci vuole davvero tanta forza d'animo per sottrarsi alle code, al caldo, al rumore, alla folla? È davvero impossibile resistere all'invito a buttare i soldi in posti in cui tutto costa tre volte tanto?

Eppure, mentre guidiamo in un'autostrada di nuovo intasata dal grande rientro, mentre ci apprestiamo a fermarci nelle solite aree di servizio con i gabinetti disastrati e lerci, mentre i figli urlano e il cane abbaia e l'aria condizionata smette di funzionare, il pensiero va alle vacanze dell'anno prossimo: anche solo per dire: "Dove siamo stati quest'anno non ci tornerei nemmeno morto", oppure: "L'anno venturo andiamo a...".

Siamo talmente assuefatti e omologati, siamo talmente preoccupati di fare quel che tutti fanno che non abbiamo più la forza di ribellarci alle cosiddette vacanze. Che sono una condanna. La vera condanna della nostra epoca. La tortura programmata che trasforma agosto, un mese bellissimo, nel più crudele dei mesi. Un mese d'inferno.

MADE IN ITALY

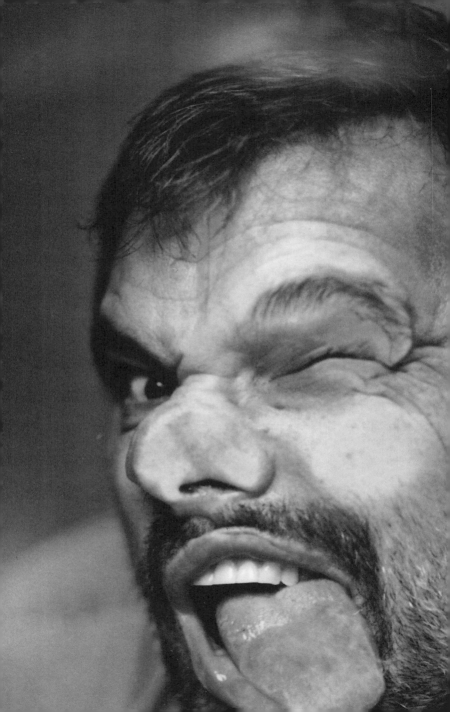

Questa realtà geografica chiamata Italia da appena poco più di un secolo è abitata da esseri che da sempre si sono fatti dominare da qualcuno. Gli Italici hanno accettato di sottomettersi a chi volta per volta li ha conquistati: i Greci, i Romani, tutte le tribù barbare possibili, i Bizantini, gli Arabi, i Borboni, i Normanni, gli Spagnoli, i Francesi, gli Austro-ungarici ecc.

Per secoli gli Italici sono stati servi e, in quanto tali, hanno imparato quelle cose che tutti i servi devono imparare per sopravvivere: la furbizia, la sottomissione e una spiccata propensione al furto.

I servi rubano, più servono e più rubano. I politici e politicanti italici ne sono l'esempio più sublime. Spero che tutti si ricordino ancora di Mani pulite, perché un'altra tendenza di questo popolo è la memoria corta, unita a una massiccia produzione di succhi gastrici che gli permette di digerire tutto.

Un'altra cosa che distingue questa razza di servi, come si è detto, è la spiccata capacità di sottomissione in funzione della sopravvivenza, la creativa scaltrezza che rasenta il ridicolo, quella furbizia italica di cui Alberto Sordi è stato magistrale interprete in innumerevoli film tragicomici che rappresentavano questo popolo.

Guardiamo per esempio la storia degli Italici in quest'ultimo secolo. Cominciano monarchici, con aspirazioni anarco-socialiste, ma poi diventano succubi di un pazzo fascista che per vent'anni fa credere loro di essere un popolo forte, coraggioso e guerriero. Questo megalomane li porta alla rovina, facendo ridere di sé e di loro il mondo intero, ma, per fortuna, i veloci e scaltri Italici salgono in fretta sul carro del vincitore e, dopo aver fatto sommarie vendette, tutti sono partigiani, diventano democratici-cristiani-social-comunisti e cominciano a baciare banchi, santini e scudi crociati per quarant'anni, accettando anche connubi con varie mafie e camorre. Allo stesso tempo c'è una parte di loro che crede nell'utopia comunista, senza mai voler ammettere i disastri e le tragedie che quella follia politica ha seminato in paesi dove tale ideologia è stata, o purtroppo lo è ancora, applicata. Anzi, la rifondano. Agli Italici piace riverire e servire per il proprio tornaconto: i santi, i dittatori, i preti, i gerarchi, i compagni, i padroni, qualsiasi individuo affetto da manie di grandezza che proponga un regime.

E allora evviva, ecco ancora una grande occasione. Il nuovo messia sotto forma di Teleduce è arrivato, con il suo regime televisivo, lamentandosi di questa Italia comunista e dimenticando che, proprio grazie ai social-comunisti, ne è diventato il compatriota più ricco.

Il salvatore di questi Italici è pronto a guidarli in una nuova impresa e loro sono pronti come sempre a servire; hanno finalmente il Teleduce da venerare, che arriva col nuovo carro (il Carroccio): su di esso gli Italici potranno salire forse per un altro ventennio di tragiche avventure. Di fatto, come nei gulag, da un ventennio la dittatura delle televisioni del Teleduce ha fatto lavaggio di cervelli. Ora gli Italici potranno sperimentare in prima persona lo stile e la filosofia del Salvatore, e così avranno la possibilità di dimostrare una volta di più la loro capacità di sottomissione e di furbizia italica!

Il chewing-gum è la metafora perfetta dell'enormità del degrado dell'educazione italiana, simbolizzata da quella che appare come "una piccolezza", un mezzo centimetro cubico, un fatto trascurabile, un'inezia.

L'altro giorno, camminando per strada, mi è capitato di pestare una di queste inezie. Per un po' non mi sono accorto di niente. Il chewing-gum appena sputato, intriso di saliva, è ancora morbido.

A un certo punto ho sentito qualcosa sotto la scarpa. Guardandomi il tacco, l'ho visto circondato da una bella corona di foglie autunnali e c'erano anche uno scontrino e un filo di lana rossa. Mi appoggio al muro, tiro su il piede per controllare sotto e mi accorgo che andavo raccogliendo spazzatura grazie a uno schifosissimo chewing-gum verdolino, ricco di filamenti collosi del tipo mastice per marmi.

Che fare? In questi casi occorrerebbe una spazzola di ferro per tirar via l'impasto gommoso.

Istintivamente ho cercato di rimuoverlo strisciando il tacco sull'orlo del marciapiede. Niente da fare. Ho camminato ancora un po' cercando qualcosa, uno scalino dal bordo più aguzzo, una pietra dove fare leva per liberarmi. Intanto il chewing-gum si spandeva sempre di più, diventando un tutt'uno col tacco della scarpa e raccattando cicche, carta stagnola, capelli e tanta di quella microspazzatura che mai avrei immaginato si trovasse per strada. Ormai camminavo col piede sinistro come su un cuscino morbido di letame, alla disperata ricerca di un modo per pulirmelo.

Ero a Firenze. In ascensore, nel parcheggio della stazione dove ero nel frattempo arrivato, ho alzato gli occhi al cielo per imprecare. Il soffitto a reticolo della cabina era letteralmente costellato di chewing-gum appallottolati e pigiati a forza tra le maglie della rete che proteggeva i neon dell'illuminazione.

Se andate a vedere li troverete ancora, belli cementati. Dubito che qualcuno si sia preso la briga di rimuoverli.

L'effetto era vomitevole. Intanto, le migliaia o milioni di asini ruminanti chewing-gum continuano a impestare marciapiedi, cessi pubblici, portacenere e ad attaccare la schifezza che sono abituati a rigirarsi per ore tra i denti cariati sotto le poltrone dei cinema, sui citofoni dei condomini, sui pali delle fermate degli autobus.

Vado da un calzolaio (per fortuna ne esistono ancora ma, dati i tempi, c'è da credere che dureranno poco) e lui rimuove quella specie di materia cerebrale fossile non prima di aver espresso il suo civile disgusto e mi sostituisce il tacco con maestria da artigiano.

Avete presente quelli che masticano chewing-gum? Avete presente gli schiocchi della lingua, i palloncini, i risucchi di saliva? Sono degli appestati da evitare.

State attenti.

Noi italiani? Appena varchiamo i confini a nord ci ricomponiamo. Diventiamo gentili, educati. A Chiasso già cerchiamo un cestino per il fazzoletto di carta, a Bellinzona ingoieremmo la cicca piuttosto di farci sorprendere mentre la schiacciamo con il tacco, a Monaco se i limiti di velocità dicono novanta noi guidiamo a ottanta.

Noi italiani ci teniamo a far bella figura in casa d'altri. Quando viaggiamo portiamo i nostri abiti migliori e infatti siamo subito riconoscibili dalle scarpe in vero cuoio e dalle magliette con sopra scritto "Valentino".

Osservando gli stranieri che, appena arrivati in Italia, diventano come noi prendendo il peggio del nostro modo di essere, viene da riflettere.

La magia dell'Italia che esprime genialità e arte ma anche Tangentopoli e mafia è ben rappresentata da questo trasformismo che contagia tutti, italiani e stranieri, facendo diventare noi come loro appena espatriamo e loro come noi appena mettono piede qui.

È vero: siamo disordinati, senza regole, anarcoidi, individualisti. Viviamo in un paese che ha una conformazione geografica piena di significati: è uno stivale nell'atto di dare un calcio, o nella posizione di chi alza il tacco per scappare. Tutto questo, evidentemente, gli stranieri lo percepiscono.

L'aria dell'Italia è quella dolce e molle della possibilità. Così, appena gli stranieri arrivano qui, si sbracano. Sarà l'aria, sarà il caldo, sarà l'approssimazione estesa a tutto, dalle indicazioni stradali al prezzo della pizza a taglio. In Italia sembra tutto possibile, tutto appare variabile, contrattabile, ricattabile.

Così le città vengono invase da orde di tedeschi in mutande e ciabatte, da spagnoli in tuta da ginnastica, da americani che continuano a offrire cioccolato ai bambini, come in tempo di guerra.

E tutti a ubriacarsi ai tavoli dei bar sistemati sui marciapiedi e in mezzo alle strade, tutti a cantare a squarciagola alle tre del mattino nei centri storici, e nessuno che si preoccupi di cercare un cestino (che del resto spesso non c'è proprio) per buttare il cono del gelato, la carta oleata della pizza, l'involucro della pellicola fotografica.

Si sentono tutti un po' padroni in Italia, perché noi italiani, in fondo, siamo ottimi camerieri, abilissimi a spennare il prossimo facendolo sentire a casa sua.

Noi italiani, se potessimo, l'automobile ce la porteremmo a letto. La parcheggiamo a cinque centimetri dalla porta, ostruendo il passaggio, con due ruote sul marciapiede, il muso alla soglia. Ma la vedremo volentieri nell'ingresso, dove già parcheggiamo il motorino, la bicicletta, il gommone e il passeggino dei bambini.

Abbiamo il culto dell'automobile, noi. La macchina non è un mezzo di trasporto: la si ama, a volte, più dei figli. La si cura più dei figli. D'inverno la si impacchetta per risparmiarle la pioggia, d'estate le si fa lo shampoo, in autunno la si sottopone al check-up, a primavera le si cambiano le fodere.

C'è un'attrazione verso la macchina che rasenta la perversione. Girandoci nel letto, se potessimo trovare la nostra auto invece della moglie, noi italiani tradiremmo di meno, cercheremmo meno avventure. Anche se, dobbiamo dirlo, le tedesche, le francesi e perfino le giapponesi ci piacciono più della Fiat, troppo casalinga.

Al contrario di ciò che succede con la donna che abbiamo sposato, non siamo quasi mai delusi della macchina acquistata: come accade per la nostra squadra del cuore quando perde, continuiamo a difenderla, ci appassioniamo e ne vantiamo le qualità anche quando ci rimane il cambio in mano, il finestrino bloccato a metà, la marmitta si stacca e deve essere legata col fil di ferro. Certe auto sono delle vere e proprie cloache: ricettacoli di cicche, giornali vecchi, lattine vuote. Allora si cerca di togliere il puzzo con quegli alberelli colorati, al profumo di vaniglia, di pino silvestre o di pummarola. Entrando l'effetto è micidiale, lo stordimento assicurato. Meno male che, fermi al semaforo rosso, noi italiani con la destra ci scaccoliamo, con la sinistra svuotiamo il portacenere dal finestrino. Parecchia della nostra vita ruota intorno alla macchina. Sgraniamo tutti gli occhi per la meraviglia quando apprendiamo che, a New York, non ce l'ha nessuno. La macchina è santa e va parcheggiata davanti alla porta di casa. Noi italiani ci faremo picchiare piuttosto che fare dieci passi o prendere un bus-navetta per raggiungere il parcheggio più vicino.

Ma quanto ci grattiamo, noi italiani!

Una toccatina, una grattatina, uno scrollo proprio lì, al cavallo dei pantaloni: ecco lo sport preferito dei maschi italici.

Si grattano tutti, il medico e il camionista, l'operaio e l'impiegato, il professore e il pizzicagnolo: il basso ventre è un punto di riferimento indispensabile. Tutto gira intorno a questa appendice, a questa protesi che le donne non hanno.

Anche quando si parla l'intercalare "cazzo" è il più comune, il più abusato.

Ci si tocca quindi per essere sicuri che ci sia ancora, poiché il tradimento è ciò che più temiamo da lui.

In fondo non siamo poi tanto sicuri di questa proprietà che ci tramandiamo di padre in figlio.

È un totem che a molti crea problemi esistenziali, che qualche volta non fa il suo dovere, che lasciato senza controllo può generare bambini.

Ci dà sicurezza o ci rende insicuri il fatto che sia lì?

Non lo sappiamo, per questo ci grattiamo, interrogandoci.

C'è la grattata arrogante eseguita con la sinistra perché la destra stringe il telefonino (che ha più o meno la stessa forma del totem); c'è la grattata timida che ci dà conforto in situazioni imbarazzanti, c'è la grattata allusiva e quella morbosa. Poi c'è la grattata ripetuta, perché noi italiani ci laviamo poco, soprattutto in certe zone, e a volte pizzica davvero.

Si grattano tutti, forse sperando di vincere.

Non è un caso che la lotteria acchiappagonzi più famosa lanciata dallo stato italiano, per illudere i più poveri e i meno culturalmente attrezzati, faccia leva proprio sulla grattata. Grattare è inoltre un sinonimo di rubacchiare, sgraffignare e questo la dice lunga su chi vince i soldi che gli altri hanno pagato sperando a loro volta di vincere ma facendo vincere più che altro il ministero delle Finanze, che li ha tassati un'altra volta fingendo di offrirgli un'opportunità per arricchirsi.

Noi italiani siamo talmente convinti di essere presi per il culo che preferiamo grattarci le palle come scongiuro.

È tutto un grattare, uno stropicciare, un raschiare, la vita di noi italiani.

Le piazze d'Italia sono piene di monumenti: per la maggior parte statue equestri, raffiguranti uomini con la spada in mano. Cavalli imbizzarriti con le zampe scalpitanti, cavalcati da tanti Vittorio Emanuele con la mano sul fodero, pronta a sguainare la spada. Oppure politici, statisti, religiosi con un libro in mano, un piccione in testa e una cacca sulla spalla. Altre volte i monumenti nelle piazze sono obelischi, lapidi con una corona d'alloro forgiata in ferro, omaggi astratti e incomprensibili alla lotta partigiana e ai caduti di guerra, magari un soldato nudo con l'elmetto in testa.

Si portano i bambini a passeggio e si è costretti a rispondere imbarazzati alle loro domande. I monumenti ci parlano di tutto ciò che ci ripugna: la morte, la guerra, la patria e la retorica a esse connessa. Al centro di una piazza è lecito celebrare la monarchia, la dittatura, la violenza, l'esercito. A nessuno è mai venuto in mente di celebrare, non so, chi ha inventato la Nutella, o i preservativi, o chi per primo miscelò gli ingredienti della Coca-Cola. Si parla tanto di capitalismo, liberismo e consumismo. Si costruisce un'etica sullo scambio delle merci e ci si vergogna a fare un monumento alla televisione?

Un barattolone di Nutella al centro di un rondò farebbe subito allegria. Una bottiglia di Coca-Cola gigantesca sembrerebbe una colorata opera di pop art. Berlusconi seduto davanti al video sarebbe un monito severo ai giovani né più né meno degli altri sfigati personaggi storici pietrificati sui piedistalli. Manca, in Italia, un bel monumento a Pinocchio e mi piacerebbe contare tutti quelli che preferirebbero Benigni a Garibaldi e Fantozzi a Camillo Benso conte di Cavour. Combattere la retorica è difficile. Ancora oggi, a scuola, si insegna ai bambini il concetto di patria, invece di insistere su quelli di uguaglianza e disuguaglianza parlando loro di un mondo dove i poveri sono tutti fratelli, qualunque nazionalità abbiano. Il soldato che innalza il fucile al cielo andrebbe pietosamente coperto. Bisognerà, prima o poi, aggiornare l'elenco degli eroi. Rimuoviamo come tanti Stalin e Mussolini le statue dalle piazze, sostituiamole con i miti del consumo di massa. Ingrandendoli ne enfatizzeremo il significato. E, forse, cominceranno a imbarazzarci come i Vittorio Emanuele a cavallo. E a farci paura.

La Fiat ha rifatto la Seicento. Tempo fa rifece la Cinquecento. Di questo passo, tra un paio d'anni rifarà la carrozza con i cavalli. Anche la mancanza di creatività è sintomo di degrado. La moda che accorcia sempre di più i tempi del rilancio dei decenni – e siamo arrivati alla riscoperta degli anni ottanta, cioè dell'altro ieri – o i cosiddetti remake dei film, il design che copia gli anni cinquanta, la musica che amplifica l'effetto nostalgia delle canzoni non sono altro che i sintomi di una società incapace di guardare avanti. Una società che si avvita su se stessa, talmente insicura da dover per forza basarsi su ciò che si è già visto.

Ma è proprio vero che preferiamo riconoscere invece che conoscere?

La conoscenza è un'avventura, è uno stimolo. Riconoscere qualcosa vuol dire invece adagiarsi nel conformismo anche se non sempre significa andare sul sicuro. Eppure le industrie preferiscono organizzare la produzione sul déjà vu piuttosto che conquistare con la novità. Proprio sulla novità e sul concetto di modernità si verifica infatti lo scontro culturale più complesso e difficile. Da una parte ci sono i fautori del nuovo a tutti i costi: gli entusiasti della tabula rasa, quelli che preferiscono una villetta a schiera in vetrocemento a una casa restaurata, quelli che pensano che un hamburger da McDonald's consumato in un enorme self-service vicino alla stazione sia più moderno di un piatto di ribollita gustato in una piccola trattoria, i barbieri che cambiano l'insegna in "Barber shop" o "Hair dresser", le casalinghe che si consegnano remissive alla spesa nell'ipermercato dove dilapidano in un colpo solo metà dello stipendio del marito comprando merci non necessarie, trascurando purtroppo la piccola bottega dove il formaggio è vero che costa cento lire di più, ma dalla quale sicuramente non si esce con dieci borse di plastica colme di schifezze inutili solo perché in offerta speciale.

Sono questi fautori della modernità i maggiori responsabili del degrado, e naturalmente, ben più di loro, chi decide di strozzare il piccolo commercio in favore degli "Shopping Center", chi dovrebbe vigilare sull'arredo urbano e sulle insegne, chi disegna i piani regolatori e concede permessi di costruzione ecc. ecc. Paradossalmente, tutti questi modernisti sono quelli che cedono più facilmente alle lusinghe dell'antico quando questo si maschera di falso e di folkloristico. Il calesse con i cavalli che scarrozza i gitanti della domenica sul viale dei cipressi di Bolgheri è il massimo, per questi qua. E, probabilmente, la Seicento rifatta dalla Fiat li rassicura.

Ma la società evolve per merito di chi guarda al futuro con un'intelligenza e un rispetto differenti: il guaio è che i veri innovatori vengono spesso bollati come conservatori mentre i progressisti sembrano gli altri.

Su questo tragico malinteso si basano investimenti industriali, appalti immobiliari, produzioni e stili di vita. Ed è questo tragico malinteso che ha reso le nostre città e i nostri paesi un'accozzaglia di violenza degradante e di resistenza civile (sempre più debole), contrabbandata dagli ignoranti come dialettica tra antico e moderno.

A Ferragosto è già Natale.

Le prime palle di vetro colorato, i primi fili d'argento, la neve finta e l'agrifoglio spuntano timidamente nei grandi magazzini già dai primi di settembre.

Le agenzie turistiche hanno cominciato a vendere i viaggi esotici sin da luglio.

I Re Magi sono da tempo in cammino sotto il solleone con i loro doni moderni: il computer, l'abbonamento a Internet, il telefonino.

Le prenotazioni per il veglione di fine anno si accettano cinque mesi prima.

Alla vigilia, il 24 dicembre, il Natale è già tutto consumato, gli scaffali della Standa e dell'Upim malinconicamente vuoti, depredati da orde di consumatori che hanno acquistato tutto: calze di nylon e profumi, giocattoli e "underwear", borse e guanti, pentole e panettoni.

Natale si esaurisce in questo attacco di bulimia che riempie le "shopping bag" fino a farle scoppiare di merci inutili in questa frenesia di regalo che è la massima celebrazione dell'ipocrisia.

Nuore che comprano regali alle suocere, nipoti che si ricordano dei nonni solo se i nonni si ricordano di loro, mogli che sperperano la tredicesima dei mariti per regalare a loro una cravatta e la pelliccia a se stesse.

Cesti di prelibatezze gastronomiche arrivano negli uffici di professionisti, banchieri, amministratori delegati, pubblicitari.

Il circo alza le tende in periferia già dopo il 2 novembre. L'orgia del consumo viene dilatata a dismisura dagli strateghi del marketing che se ne fregano della poesia, dei Natali di una volta, quando gli abeti si decoravano con noci, fichi secchi e mandarini; quando si rinunciava al calore del fuoco per fare il presepio sotto la cappa del camino e la festa religiosa veniva annunciata dalle novene dell'Avvento.

Natale deve durare tre, quattro mesi, altrimenti sarà difficile smaltire le merci.

Sarà difficile dare fondo a tutte le risorse per vestirsi, rimpinzarsi di cibo, andare ai Caraibi.

Il 25 dicembre si è già sazi e nauseati. E fin dal 27, alla riapertura dei negozi, fanno la loro comparsa nelle vetrine le prime uova di Pasqua.

Il carnevale di Viareggio si decentra nei boschi italiani. Non bastavano i cacciatori, i fungaioli e i cinghiali. In perfetta sintonia con il degrado che non risparmia niente e nessuno, apprendiamo dai giornali che circa ventimila praticanti di un nuovo gioco, il soft-air, invadono ogni domenica i boschi italiani per giocare alla guerra.

Si alzano la mattina, infilano la mimetica, gli anfibi e l'elmetto, si dipingono il volto a strisce verdi e marroni, imbracciano il fucile, l'MP5, il kalashnikov e si avventurano nella boscaglia.

Strisciano fra gli arbusti, si nascondono, sparano (con armi giocattolo, ovviamente), si rotolano come se fossero in trincea. Pare che gli amatori di questo gioco siano riuniti in più di trecentocinquanta club in Italia e che ognuno abbia il suo esercito preferito simbolizzato dalla divisa che può essere inglese, americana, austriaca, tedesca.

Sembra che attorno a questo gioco ci sia un giro d'affari di cinque miliardi l'anno, destinati a triplicarsi anche per l'effetto amplificatorio che gli articoli come questo che state leggendo sicuramente producono.

Si direbbe che abbiano la guerra nel sangue, che la coltivino come una passione: mimano irruzioni in supposti campi nemici, fanno prigionieri e, forse, usano quel linguaggio che nei film bellici ci fa tanto ridere. Ma pare che loro siano serissimi e si fa fatica a immaginare queste pattuglie di uomini maturi (baristi, commercialisti, vigili urbani, dicono i giornali, ma tutte le categorie professionali pare siano rappresentate) comportarsi come comparse in un film di serie C. Quale cortocircuito provoca questo bisogno di regredire all'età in cui i bambini hanno una fissazione per le pistole e le spade? Com'è possibile, mi chiedo, che un uomo adulto metta in scena questa farsa senza vergognarsi di se stesso?

Certo, mi dico, sarà sempre meglio andare nel bosco a fare la guerra che passare il pomeriggio in casa a guardare "Domenica in", ma perché ci si deve abituare per forza a scegliere fra due estremi? E i boschi, che colpa ne hanno?

Perché devono subire l'affronto di essere trasformati in una squallida scenografia della frustrazione? Gli adulti che giocano come se fossero bambini (attenzione: non gli adulti che giocano con i bambini) mi fanno impressione.

Molti americani maturi sono così fanatici del luna park o schiavi del computer che trascorrono il loro tempo libero davanti a un videogioco. E il peggio dell'America, si sa, arriva sempre, prima o poi, in periferia. Ora è il momento dei war games, dei giochi di guerra. Tremo, a pensare a ciò che ci riserva il futuro.

I BUONI ESEMPI

Ogni atto dell'uomo deve essere un processo di apprendimento, un modo per comprendere: è più remunerante l'azione del pescare dell'avere un pesce attaccato all'amo.

È nella preparazione che il pescatore trova la gratificazione della sua azione che giustifica il risultato. Se il suo obiettivo fosse solo quello di prendere un pesce, forse quel pesce non riuscirebbe a prenderlo. È il processo dell'azione la cosa più importante. È la successione degli atti, dei gesti; l'impegno a risolvere i problemi via via che si pongono che ci portano a compiere un'azione morale quindi giusta. Parte del processo della vita risiede nel domandarsi come si vuole viverla. In questo interrogarsi prende forma il nostro progetto di vita e siamo noi a dominarla, a influenzarla, piuttosto che subirla.

Non è facile per l'economia essere ecologica. L'economia del libero mercato persegue il profitto sempre e comunque. C'è sempre meno tempo per riflettere sul fatto che il vero profitto si ottiene compiendo azioni giuste. Bisogna cominciare a considerare il "fare giusto" un profitto, il "fare corretto" un guadagno. Gli uomini d'affari che mirano solo all'accumulo finiscono sempre in perdita. Gli arcieri Zen, invece, non pensano che colpire il centro di un bersaglio sia lo scopo. Sono l'allenamento, la concentrazione, la determinazione, il rigore, l'onestà, la riflessione, l'approfondimento di ogni azione gli scopi veri. Preparare la freccia, toglierla dalla faretra, saggiare l'elasticità della corda dell'arco, provare e riprovare sono il fine autentico. Questo esercizio farà sì che la freccia centri naturalmente il bersaglio.

Sembra paradossale, ma il futuro dell'economia sarà nel recupero dell'artigianalità. È il sapere dell'artigiano il vero modello per perseguire il profitto del futuro. Il valore starà nella conoscenza, nella manualità, nell'organizzazione del pensiero che sa dove vuole arrivare e per arrivarci compie solo gesti utili. La base profonda della vita, anche nell'epoca del virtuale, continuerà a risiedere nelle possibilità dell'uomo di rendere concreto e applicabile il processo di apprendimento.

Mentre il lavoro manuale sembra perdere valore, mentre l'economia sembra tendere all'astrazione dei grandi e oscuri teoremi finanziari, ci sarà sempre, nel futuro, chi costruisce, chi compra e chi vende. È salvaguardando questa concretezza che potremo sperare di salvarci, per continuare a ottenere dei profitti senza abdicare alla tensione etica, al rispetto per l'ambiente, al rispetto umano.

Le relazioni, i figli, l'amore, i guadagni saranno migliori.

Non ci sono più feste dell'Unità. L'estate è un'immensa, omologata sagra. Di qualunque cosa: dell'uva, del cocomero, del cinghiale, del ranocchio. C'è la sagra del baccello e la festa di benvenuto al turista, il karaoke ruspante e la giornata del fungo porcino. Tristissimi camper con bancone incorporato, roulotte panciute con salami penzolanti dai finestrini caracollano da un paese all'altro per esporre la mercanzia tipica delle sagre, tutta roba di plastica o plastificata, lecca lecca osceni e formaggi da supermercato, pistole ad acqua e liquirizia tranciata direttamente dai copertoni delle ruote dei camion, bambole bionde e pesci rossi nel sacchetto di cellofan. Le sagre sono annunciate in ogni paese dagli stessi manifesti, cartaccia stampata alla meno peggio in tipografie poco attente ai dettagli, in colori sempre uguali: rosa shocking, verde mela, giallo limone. La festa dell'Unità era un rito civile che segnava l'inizio dell'estate e lasciava l'impronta positiva di un popolo di militanti generoso, abile nei lavori di carpenteria e capacissimo in cucina, interessato ai dibattiti, a proprio agio fra libri, cinema e musica. Belle facce che allora si concentravano in quella settimana vivacissima di incontri e che oggi forse si perdono nella folla anonima, imbambolata, sguaiata che si accalca alle sagre. Tutti con il piattino tremolante di plastica in mano, il tovagliolino di carta, il bicchiere che vola al primo colpo di vento se non è pieno mentre gli altoparlanti diffondono a tutto volume *La ma-*

zurca di periferia di Raoul Casadei e della sua orchestra. Queste sagre producono immondizia e senso di vuoto.

Chi ci va soffre per la calca, mangerebbe meglio a casa, si accoltella a volte per un parcheggio. Alla sera, quando è l'ora di tornare, colonne di persone con le mani unte, gli abiti sporchi di gelato, gli occhi perduti si dirigono verso i garage per risalire in macchina senza aver trattenuto, della giornata di festa, una scintilla di vita. Alle feste dell'Unità c'erano le occasioni in cui si parlava di politica e di progresso civile, c'erano i film commentati dai registi, i libri presentati dagli scrittori, i cantautori e i ristoranti dei paesi dell'Est che offrivano un'alternativa alle tagliatelle al sugo fatte in casa dalle mogli e dalle madri dei militanti.

C'era un senso di solidarietà così sano e forte da contagiare anche gli agnostici e gli avversari. Nemmeno la festa dell'Unità è rimasta a quest'Italia in cammino verso l'anonimato o, peggio, verso l'emulazione dei cosiddetti vip da giornale popolare, con il telefonino incollato all'orecchio anche quando sono in vacanza in un posto bello come Capri. Alle feste dell'Unità andava Pasolini, le sagre di paese è tanto se possono offrire Milly Carlucci.

Mi dispiace che l'Italia stia perdendo progressivamente un'educazione, un senso civico, una bellezza che veniva fuori a queste feste dell'Unità e che era un concentrato di passione, di impegno, di gioia di vivere. Sono sempre andato alle feste dell'Unità ma mai metterò piede a una di queste sagre organizzate dalle pro loco, fatte con lo stampo e ugualmente deprimenti, piene come sono di cibi, di gente, di rumore. Di rumore, di cibi, di gente. E nient'altro.

Si dice e si sente dire comunemente: "Non c'è più morale!". Tutti si lamentano oggi del tramonto dell'etica, mentre il principio del "lo fanno tutti" sembra diventato l'autorizzazione per scorrettezze di tutti i tipi. Soprattutto i giovani sono nel mirino e non si perde occasione di confrontare la loro (presunta) perdita di morale con le convinzioni di noi vecchie generazioni. Raramente ci si sofferma a pensare che la morale dei ragazzi di oggi è forse più sana di quella che ha accompagnato la nostra crescita e la nostra maturità. A noi insegnavano l'obbedienza come massima virtù, l'ipocrisia come forma di sopravvivenza, la raccomandazione come modo di accesso.

I ragazzi di oggi hanno scoperto l'obiezione di coscienza, la franchezza come stile di vita, la capacità di contare sulle proprie forze come dato imprescindibile. Hanno scoperto che essere deboli è umano. Parecchi di loro si suicidano inspiegabilmente perché pensano di non essere capaci di affrontare il mondo che gli proponiamo.

Viene il dubbio che, quando i valori si riducono alla competitività, alla ricchezza da accumulare possibilmente in fretta e senza guardare in faccia nessuno e la vita diventa interminabile coazione al consumo, non ci sia ragione di parlare di perdita di morale. Dovremmo piuttosto andare a scuola dai giovani, imparare da loro il modo limpido in cui espongono, in cui operano le loro scelte sessuali, religiose, ideali.

Non ci sono oggi molti eroi che possano essere punti di riferimento: non ci sono più Gandhi, il Che Guevara, Martin Luther King o Giovanni XXIII. Ma piuttosto che recriminare la mancanza di etica nei giovani converrebbe interrogarsi sulla nostra capacità di creare spinte ideali, sulla volontà di costruire qualcosa di diverso da una società basata sul libero mercato o sull'Europa divenuta soltanto una moneta.

Renzo Toninelli, settant'anni, è un contadino. Vive con il fratello Guido a Campigallo (Casale Marittimo) e coltiva da sempre il suo podere. È una figura importante di questa nostra epoca.

Ha la licenza elementare ma studia da quando ha avuto facoltà di discernimento. Sarebbe pronto per la laurea honoris causa, se l'università di Pisa o qualunque altra volesse gentilmente concedergliela.

Renzo Toninelli ha scelto di far coincidere il suo lavoro con la sua vita. Dal punto di vista della cultura generale, è mille volte più colto di tanti studenti che dall'università di Pisa escono con il loro bravo pezzo di carta in tasca per gratificare i genitori.

A sette, otto anni, Renzo Toninelli governava bestie venti volte più grandi di lui. Sui campi, sui suoi campi, sulla sua terra, si allenava a essere un uomo vero, un individuo puro, paragonabile a un albero, tanto si radicava a un terreno dal quale traeva nutrimento oltre che esperienza di vita.

Renzo Toninelli dovrebbe ricevere anche una medaglia al valore per la resistenza. Lui ha infatti resistito alla forza omologante del capitalismo che specialmente negli anni sessanta voleva che tutti vendessero il loro podere per andare a lavorare in fabbrica lasciandosi trasformare in operai.

Lui ha scelto di coltivare il grano per fare il pane, di curare la vigna e l'uliveto per fare il vino e l'olio. La sua uliveta l'ha tirata su con maestria da scienziato.

Ha usato la sua intelligenza per rendere i prodotti della terra più abbondanti e più buoni, scrutando il cielo, imparando a riconoscere il vento e a fronteggiare la siccità. Ha resistito al richiamo della città e della fabbrica, che propagandavano un "progressivo" che niente aveva a che vedere con l'autentico progresso dell'uomo.

Da Campigallo, Renzo Toninelli continua a dimostrare la superiorità del contadino su qualunque altro uomo, poiché continua a restare naturalmente legato a un mondo che diventa invece sempre più antinaturale. Riesce a rendere accettabile anche la caccia, che, come la fa lui, ha finalmente un senso.

C'è in lui un agio, nei gesti e nella vita, che non ha nulla a che vedere con l'agiatezza economica. Là dove questa è spesso sinonimo di volgarità e nevrosi, in Renzo Toninelli assume le sembianze della generosità fatta persona, della misura, della nobiltà d'animo, del gusto.

Lui ripete spesso che il mondo va così come va perché i giovani non sono motivati.

E già nell'uso di questa parola da manuale giornalistico-sociologico si capisce che il mondo esterno con i suoi inutili artifici tenta di penetrare nell'universo limpido di Renzo Toninelli per corromperlo.

Ma Renzo Toninelli ha settant'anni di esperienza e di civiltà da opporre ai gerghi superflui della cosiddetta modernità.

C'erano una volta le tribù, le falangi, le leghe, i sindacati, le associazioni, i partiti. O meglio, ci sono ancora. Servono per ufficializzare prese di posizione, strategie di comportamento, rivendicazioni. Sono utili, certo. Ma niente possono di fronte all'individuo.

L'individuo è il depositario dell'energia che modifica, l'individuo lascia testimonianze indelebili; è l'individuo il motore del bello e del brutto, del giusto e dell'ingiusto. Non sto pensando all'individuo in generale, ma a uno in particolare, con nome e cognome.

È un signore di Bibbona. Si chiama Raimondo Stiassi. Da circa sette anni questo signore ogni giorno pulisce due chilometri di spiaggia al confine tra Castagneto e Bibbona, a nord della fossa Camilla.

Se vi troverete a camminare su questa striscia di sabbia, noterete tronchi, rami, detriti naturali ma non vedrete mai lattine, sacchetti di plastica, bottiglie in pvc.

Noterete anche dei messaggi lasciati discretamente su questi reperti che diventano come sculture in un museo: "Godi questa spiaggia senza toccarla", "Lascia stare i tronchi e i rami dove il mare li ha portati", "Non spostare niente".

Ogni giorno il signor Stiassi lavora per rendere omaggio alla natura smascherando la stupidità e la volgarità di chi inquina. E lo fa in silenzio, con quell'educazione e quella grazia che chi butta cicche, abbandona avanzi del picnic, lascia cadere i kleenex, assassina il silenzio e il rumore del mare con lo stereo a tutto volume, non potrà mai capire.

Il signor Stiassi risemina il giglio di mare, una pianta bulbosa con un fiore bianco profumato, si preoccupa che le autorità emettano ordinanze per il divieto di raccolta di questo fiore che sta quasi sparendo dalle spiagge perché le bagnanti non resistono e lo devono cogliere per forza per metterselo nei capelli, ripianta le cosiddette piante pioniere, quelle che sono ormai soffocate dalla spazzatura. A nord della fossa Camilla sta addirittura tentando di ricreare le dune, spazzate dal viavai dei forzati dell'abbronzatura. L'opera di rinaturalizzazione di questa striscia di sabbia dovuta a un uomo solo assume un significato altamente simbolico.

In questi casi la retorica è in agguato e conviene fermarsi, forse, alla descrizione, per forza di cose limitata, della sua attività concreta. Ma non si può rimanere in silenzioso rispetto di un uomo che si staglia sul fondo di una massa sempre più ottusa e indistinta. Non si può non rimanere stupiti di fronte a questa lezione di civiltà, mentre il chiasso e lo sporco sembrano vincere su qualsiasi tentativo di arginarli. Raimondo Stiassi ha cura di due chilometri di terra. Noialtri cinquantotto milioni di italiani ci ingegniamo a inquinare i restanti trecentomila chilometri quadrati.

Siete un uomo. Che uomo? La vostra intelligenza non è da premio Nobel, quanto a ricchezze non vi si può proprio paragonare a Bill Gates, esteticamente non avete certo il fisico di una statua greca, i capelli o sono ormai un ricordo o stanno per diventarlo; l'unica cosa che riuscite ancora a conquistare è il peso, sotto forma di chilogrammi, i cento metri ormai non si corrono più, si camminano, il lavoro è una routine, guardare la televisione è l'unica attività fisica e intellettuale che vi fa ancora sentire parte del mondo (guardato, ovviamente, sullo schermo senza schiodarsi dalla poltrona del salotto); masticare, deglutire e bere per dimenticare è ciò che vi resta. Il sesso? Meglio non parlarne, anzi, dormiamoci sopra, magari russando e scoreggiando. L'entusiasmo e l'ottimismo non fanno per voi, è roba da archeologia mentale. I figli, da sempre creatori di problemi e portatori di sensi di colpa e di castigo per essere stati concepiti con un atto sessuale con la loro madre (vostra moglie), meno si frequentano e meno c'è da soffrire. Gli amici? Anche se cambiano, chi se ne accorge? I sogni di gloria appartengono all'antiquariato, li avete messi in soffitta, come le ideologie politiche e le utopie sociali. I giornali, quando e se si leggono, servono solo per avere la conferma che il mondo è il contenitore ideale per quelli come voi: guardate le pagine di politica interna, affollate di personaggi subumani che in qualche cosa vi assomiglieranno pure, visto che li avete votati.

La speranza è lontana come l'ululato di un lupo. Se, nonostante tutto questo, la vostra donna continua a sopportarvi senza rinfacciarvi la banale (intesa come molto comune) condizione umana di uomo, nel senso di maschio, e magari vi ama ancora senza costringervi a guardarvi in uno specchio per vedere in che condizioni siete, ebbene, allora Bingo! Avete vinto! Siete fortunati perché avete come compagna una delle trenta donne, sì, ho proprio detto trenta, vere donne che sono rimaste sulla faccia della Terra. Una delle trenta che vale ancora la pena di conoscere per viverci insieme. Se la vostra donna non è una di queste trenta e al vostro abbruttimento aggiunge il suo e vi aspetta in ciabatte e bigodini, lamentandosi di tutto e contagiando con la sua (e vostra) infelicità il resto del mondo, allora mi dispiace: posso solo dirvi che appartenete a una ben nota categoria di uomini. Quella degli sfigati. Che non è la mia, perché io una delle trenta l'ho trovata.

Innamorarsi è bello. È un misto di sesso e di anima, di spirito e di libidine. Quando ci si innamora si è felici. Innamorarsi, quindi, va bene. Ma cosa c'entra l'amore con il matrimonio? Il matrimonio dovrebbe essere una scelta razionale, una joint-venture, un accordo per la vita.

Non a caso, quando ci si sposa, si stipula un contratto. Si decide per la comunione o la separazione dei beni. In America si stabilisce addirittura la liquidazione da versare al coniuge in caso di divorzio.

Sposarsi per amore è il più pericoloso dei rischi. È risaputo che la torta alla panna che ci faceva leccare le labbra a vent'anni ci sembra, dopo un po' di tempo, un pezzo di pane secco.

Scegliere il marito o la moglie dando retta agli ormoni e al cuore che batte è un atto da irresponsabili. Da queste tempeste di passione nascono poi dei figli che chiedono di essere allevati ed educati.

Il sesso tra marito e moglie dovrebbe essere limitato alla sola e semplice riproduzione, nel quadro dell'accordo stipulato.

La libertà di poter godere dell'energia nuova che ogni incontro sessuale genera dovrebbe essere data per scontata, sollevando finalmente i mariti e le mogli dall'ipocrisia delle bugie e dallo squallore dei tradimenti e delle corna.

"Ragazzi, trovatemi una moglie." Dovrebbe essere così che ci si sposa. Si decide, a una certa età, che siamo pronti? Si mobilitano parenti, amici e maestri alla ricerca della persona adatta. È un antico precetto orientale che dovrebbe essere applicato anche da noi. Con il coniuge si amministra la casa, si pagano i conti e le rate del mutuo, si educano i figli.

Giuseppe e la Vergine Maria sono, in fondo, gli antesignani della scelta radicale che separa giustamente il matrimonio dal sesso: lei partorì restando vergine. Certe amicizie tra due uomini o due donne durano tutta la vita, molto più dei matrimoni, forse perché il sesso ne resta escluso.

L'amicizia tra marito e moglie potrebbe essere un antidoto ai divorzi e alle separazioni, con tutti i benefici che ne conseguirebbero per i figli. Quanti danni provoca invece l'amore quando si intromette fra marito e moglie!

L'amore vivo è nell'amore muto. L'amore è nei fatti, non nelle parole. A che servono tutti i discorsi sull'amore, sul bisogno di dire "ti amo"? Quando si dice "ti amo" a qualcuno vuol dire che la lingua deve venire a soccorrerci, vuol dire che si deve ricorrere a qualcosa di diverso dalla profondità di un sentimento che dovrebbe viaggiare su altre onde, differenti da quelle sonore. Nemmeno cinquant'anni fa, gli uomini che volevano fare all'amore con una donna chiedevano di parlare. E "parlare" significava il più delle volte restare muti in casa davanti ai genitori di lei, senza neppure la possibilità di sfiorarla con un dito.

Oggi dire "ti voglio bene" è la norma. Non c'è formula più inflazionata. Gli americani lo dicono continuamente, a tutti: "I love you", ripetono. Lo dicono i genitori ai figli (e in questo modo azzerano quella forma di silenzioso rispetto cui dovrebbe essere improntato l'amore filiale, che oggi appare degradato in bamboleggiamenti e infantilismi vari); lo dicono le suocere alle nuore (introducendo una leggera sfumatura ipocrita nella dichiarazione d'affetto); se lo dicono i fidanzati, mariti e mogli e amanti mentre fanno l'amore.

Ma l'amore è una scoperta.

Sempre: anche quando si pensa che sia solo routine. E allora dovrebbe essere ammantato di riserbo. È quando la musica non funziona che si tende a far rumore, distraendosi.

Quando si è davvero innamorati le parole dovrebbero essere superflue.

Quando si fa l'amore non si dovrebbe parlare.

L'amore bisognerebbe farlo in silenzio.

Baratterei subito quindici milioni di emigranti curdi con quindici milioni di italiani. E, gli italiani, li sceglierei proprio fra quelli contrari all'immigrazione e al diritto d'asilo. L'Italia non ha bisogno di cittadini impauriti dall'immigrazione, da chi è diverso da loro, razzisti, timorosi di vedersi portar via il posto di lavoro, intolleranti e di memoria corta.

Dovrebbero infatti ricordare, questi italiani così accaniti nel voler rimandare indietro curdi, albanesi, senegalesi e polacchi, che il progresso economico di molti paesi europei (la Svizzera, la Germania, la Francia) si è avvalso del contributo prezioso di parecchi immigrati.

Per non parlare di Stati Uniti, Canada, America Latina e Australia, mete storiche dell'emigrazione italiana.

Ma restiamo nel nostro paese: lo sviluppo industriale di una città come Milano nel dopoguerra sarebbe stato impensabile senza i meridionali. Finita questa ondata di immigrazione interna lo sviluppo di Milano si è fermato.

Perché? Perché al contrario di Parigi, di Berlino e di Zurigo, Milano si è chiusa alla vera immigrazione, quella che porta sangue nuovo, idee nuove, energie nuove. Così mentre le altre grandi città europee diventavano sempre più grandi (con problemi sempre più grandi da risolvere) e sempre più internazionali, Milano si rimpiccioliva fino a esprimere un sindaco leghista, il punto più basso che la tradizione civile della città abbia mai toccato.

Grandi problemi, grandi paesi, grandi città. Ci sono italiani che, ignorando questa sequenza, sembrano solo attenti a difendere il recinto del loro piccolo orto.

Io li metterei volentieri su una nave e li manderei a fare esperienza all'estero, come probabilmente i loro nonni o bisnonni hanno fatto. Al posto di questi italiani piccoli piccoli dovremmo essere fieri di ricevere il popolo curdo: un popolo né ebreo, né cattolico, né musulmano, che arriva qui senza santini e senza protettori. E, insieme ai curdi, dovremmo essere orgogliosi di accogliere tutti gli altri. Se fossimo un popolo forte, dovremmo essere felici di aprirci ai nostri fratelli. Stranieri, certo, ma della nostra stessa razza, l'unica che c'è: la razza umana.

INDICE

Stampa Grafica Sipiel – Milano, aprile 2001